AVENTURERO
PIONERO

CARAVANA

Aventurero Pionero NAZARENO

Manual para quinto y sexto grado (edades 10 y 11 años) del Programa Nazareno de Caravana

EQUIPO CREATIVO
David Hutsko, Mike Morris, Eric Wright, Jennifer George

ESCRITORES
David Hutsko, Jennifer George, Eric Wright, Stephanie Harris, Julie Smith, Andrea Callison, Peter Shovak

Suzanne M. Cook, *Caravana Editor*
Kimberly Adams, *Caravana Editor Asociado*

Yadira Morales, *Traductora*
Bethany Cyr, *Maquetador*

Caravan Adventurer Trailblazer Student book
Copyright © 2004, Published by WordAction Publishing Company, A division of Nazarene Publishing House, Kansas City, Missouri 64109 USA

This edition published by arrangement with Nazarene Publishing House

Publicado por: El Ministerios de Discipulado de la Región de Mesoamérica

www.discipulado.MesoamericaRegion.org

www.MieddRecursos.MesoamericaRegion.org

Copyright © 2019 - All rights reserved

ISBN: 978-1-63580-094-4

Impreso en EE.UU.

CONTENIDO

Caravana Aventureros

Las Aventuras no siempre son fáciles. Como Aventurero Caravana aprenderás que cada persona no es buena en todo. Habrá algunas habilidades que son fáciles. Habrá algunas habilidades que son muy difíciles. Si eres bueno o no tan bueno en una habilidad particular no significa que eres un genio o un fracaso.

Un Aventurero es una persona que no se rinde sólo porque algo no funciona bien la primera vez. Un aventurero está dispuesto a intentarlo de nuevo. A lo largo de la historia, Dios ha llamado a hombres y mujeres en servicio. Él los ha presentado con las tareas difíciles. Hoy Dios llama a los hombres y mujeres. Él llama a los niños y niñas. Él les pide usar los dones, talentos y habilidades que Él les ha dado. Servir a Dios no es sólo para los adultos. Dios tiene una aventura especial esperando por ti.

El Viaje Caravana
Ganar Insignias y Premios

La palabra *caravana* se refiere a un grupo de viajeros. Trabajan juntos. Aprenden juntos. Se ayudan unos a otros. Como Aventurero Caravana serás parte de un viaje de dos años. Te unirás a otros preadolescentes. Ganarás insignias, irás de excursión, y participarás en actividades especiales. Tu líder adulto se llama guía. Tu guía te enseñará y ayudará a aprender. Tu guía será un amigo especial. Junto con tu guía y los preadolescentes aprenderás acerca de tu mundo, tu iglesia, y Dios.

¿Cómo Puedo Convertirme En Un Aventurero Caravana?

Asistiendo a las reuniones de Aventureros. No hay otros requisitos de membrecía.

¿Qué Tipo De insignias Y Premios Puedo Ganar?

Hay cuatro tipos de insignias y premios que puedes ganar.

1. *Insignias de Habilidad.* Estas incluyen cosas como la fotografía, la astronomía, títeres, y cocinar. Para ganar una insignia de habilidad, debes completar todos los requisitos para esa insignia.

2. *Valor fundamental de las Insignias.* Los valores fundamentales enfatizan las características que los cristianos deben exhibir. Cada valor fundamental destaca un hombre o mujer Nazareno que ejemplifica esta característica. Hay una historia acerca de cada una de estas personas en tu libro. Para ganar valor fundamental de la insignia, debes leer la información y completar una actividad.

3. *Insignias,* Artículos de fe. ¿Sabes lo que cree la Iglesia del Nazareno? Hay 16 artículos de fe para ayudarte a entender lo que cree la Iglesia del Nazareno. Los Aventureros se aprenden los últimos 8. Recibirás 1 estrella por completar cada artículo de la fe.

4. Premio Lillenas a los aventureros. Este es el máximo galardón de los Aventureros. Para ganar este premio debes hacer lo siguiente:

   a. Completar dos años en el programa de Aventureros, mientras estás en los grados quinto y sexto.

   b. Completar 16 insignias (2 de cada categoría de cada año).

   c. Aprender los Artículos de Fe del 9 al 16.

   d. Completar dos proyectos de ministerio.

   e. Que tu guía presente tu Formulario de *Registro Individual de Seis Años* a la oficina general de Caravana.

   f. Que tu guía ordenar el premio Haldor Lillenas.

Uniforme del Aventurero

El uniforme del Aventurero demuestra que eres una parte de un grupo especial. Eres un Aventurero Caravana.

Los Aventureros Caravana llevan el uniforme informal a todas las reuniones semanales, salidas de la Caravana, actividades de la Caravana y proyectos de ministerio. El uniforme informal es la camiseta y jeans del grupo. Los aventureros llevan el uniforme formal para todas las funciones oficiales y ceremonias especiales. El uniforme formal es una camisa/blusa blanca, jeans/pantalones/falda azul marino, y la banda.

Ganarás insignias como Aventurero Caravana. Tus insignias serán colocadas en tu banda Caravana. Esta es la manera en que tu banda se verá si ganas todas las insignias del Explorador y Aventurero.

Banda de Insignias del Aventurero
Instrucciones de Colocación

Cómo Usarla: La banda del Aventurero se lleva sobre tu hombro izquierdo. Las Insignias del Aventurero se colocan en la parte frontal de la banda. (Coloca habilidades adicionales de las insignias, ganadas, mas de ocho por año, en el reverso de la banda.)

Cómo Colocarla: Las Insignias pueden estar unidas por costura, utilizando un dobladillo, o con una pistola de pegamento caliente.

Estas son las insignias que un Descubridor puede ganar.

Logotipo De La Insignia Caravana: Esto es para que todos los aventureros lo lleven. Esto significa que son parte de Caravana.

Broches del Rango Descubridor: Este año eres un Descubridor. Coloca tu broche del rango en tu banda y llévalo con orgullo.

Estrellas Artículo de Fe: Por cada artículo de fe que aprendas, ganarás una estrella. Puedes ganar hasta cuatro estrellas como Descubridor.

Valor Fundamental: Estas insignias son para ambos, Servicio y Compasión.

Habilidades de las Insignias: Como Descubridor puedes ganar insignias de habilidades. Probablemente ganarás ocho insignias este año dos de cada categoría. Si quieres ganar más, habla con los guías, y te ayudarán

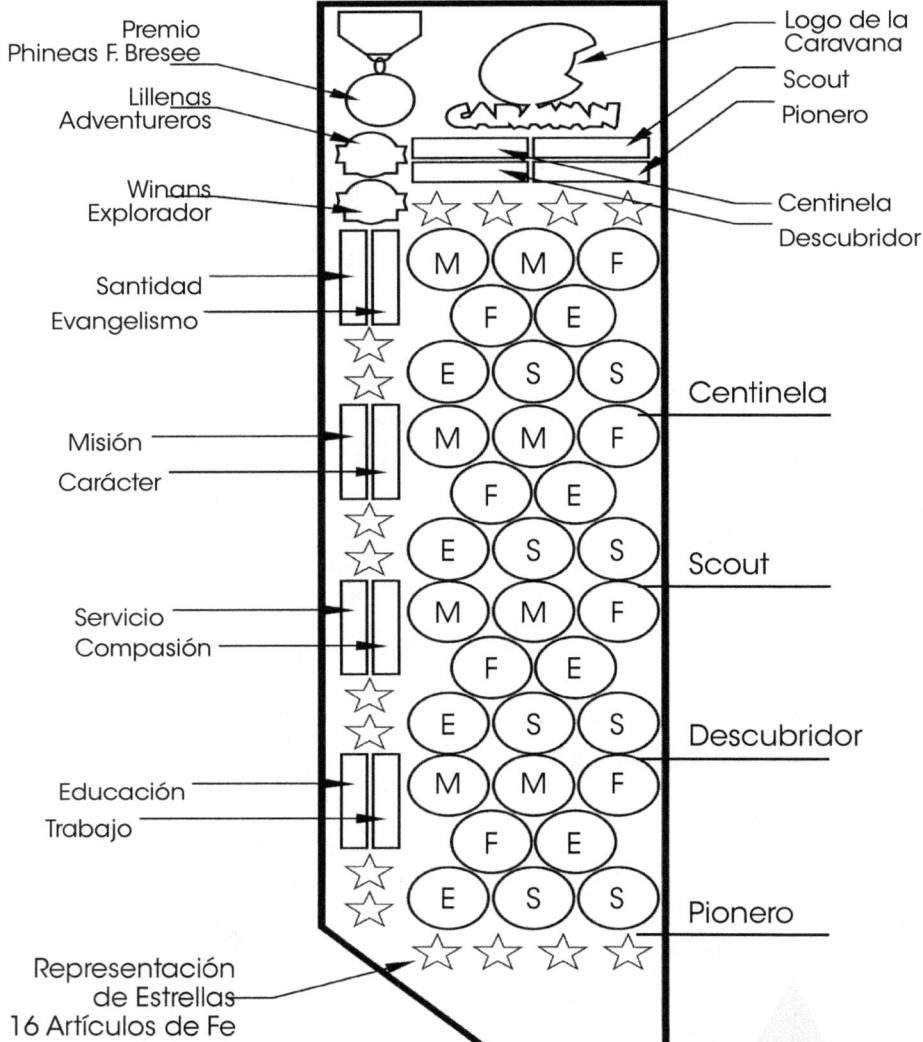

Premio
Phineas F. Bresee

Lillenas
Adventureros

Winans
Explorador

Santidad
Evangelismo

Misión
Carácter

Servicio
Compasión

Educación
Trabajo

Representación
de Estrellas
16 Artículos de Fe

Logo de la
Caravana

Scout
Pionero

Centinela
Descubridor

Centinela

Scout

Descubridor

Pionero

(M) Mental
(F) Físicas
(E) Espiritual
(S) Social

M M F
F E
E S S
M M F
F E
E S S
M M F
F E
E S S
M M F
F E
E S S

Rango Pionero

1. Conocer el signo de Caravana. Cuando tu guía hace este signo debes:

¡Parar! ¡Escuchar!

_____

2. Di el lema Caravana de memoria.
   "Confía en el Señor de todo corazón, y no en tu propia inteligencia. Reconócelo en todos tus caminos, y él allanará tus sendas." (Proverbios 3:5-6)

_____

3. Di la Promesa del Aventurero Caravana de memoria.
   "Como Aventurero Caravana yo:
   1. Desarrollaré mi cuerpo y me mantendré físicamente fuerte y limpio;
   2. Desarrollaré mi mente a través del pensamiento limpio y el buen trabajo escolar;
   3. Amaré mi hogar, mi iglesia, y a todas las personas de todas las razas;
   4. Amaré a Dios, leeré la Biblia, y viviré de acuerdo a las enseñanzas de Jesucristo".

_____

4. Di el compromiso de tu bandera nacional.

_____

9

5. Di el juramento a la bandera cristiana de memoria.

"Prometo lealtad a la bandera cristiana, y al Salvador para cuyo reino ésta se levanta; una hermandad, uniendo cristianos en todas partes, en servicio y en amor."

6. Di el compromiso a la Biblia.

"Prometo lealtad a la Biblia, la Santa Palabra de Dios. Voy a hacerla una lámpara a mis pies y lumbrera a mi camino. Voy a ocultar sus palabras en mi corazón para no pecar contra Dios."

7. Di el Propósito Caravana de memoria.

"Jesús siguió creciendo en sabiduría y estatura, y cada vez más gozaba del favor de Dios y de toda la gente." (Lucas 2:52)

Artículos de Fe del Pionero

¿Qué son los Artículos de Fe?

Los Artículos de Fe que aprenderás son declaraciones basadas en los Artículos de Fe de la Iglesia del Nazareno. Los Artículos de Fe nos dicen lo que cree la Iglesia del Nazareno. Hay 16 artículos de fe.

¿Cuántos puedo aprender?

Como Descubridor, aprenderás las declaraciones acerca de los Artículos de Fe 13,14,15, y 16. Ellos son: La Cena del Señor, Sanidad Divina, Segunda Venida de Cristo, Resurrección, Juicio y Destino.

¿Voy a recibir una insignia por aprender los Artículos de Fe?

Recibirás una estrella por cada Artículo de Fe cuando puedas:

1. Dar el número y nombre del Artículo de Fe.

2. Decir el significado del Artículo de Fe en tus propias palabras. La estrella se llevará en la banda.

ARtículo de Fe 13:
La Cena del SeñoR

Definición: La Cena del Señor también se conoce como la comunión. Es un sacramento que utiliza algún tipo de pan y jugo para recordar la muerte de Cristo por nuestros pecados.

CReemos

■ La Cena del Señor nos ayuda a recordar el sacrificio que Cristo hizo por nuestros pecados y Su promesa de volver otra vez.

■ Todos los que confían en Jesús como Salvador puede participar en la Cena del Señor.

Encuentra 1 Corintios 11: 23-26 y rellena las palabras que faltan.

"Que el Señor Jesús, la noche que fue traicionado, tomó _____, y después de dar _____, lo _____ y dijo: 'Este es mi _____, que por ustedes entrego; hagan esto en _____ mí.'"

"De la misma manera, después de cenar, tomó la _____ y dijo: 'Esta copa es el nuevo_____ en mi sangre; hagan esto cada vez que _____ de ella, en memoria de mi.' Porque cada vez que coman este _____ y beban esta _____, proclaman _____ del Señor hasta que él venga." (1 Corintios 11: 23-26)

11

¡Tu Turno!

Escribe el significado del Artículo de Fe 13 en tus propias palabras aquí.

_____

_____

_____

_____

_____

_____

¡Hazlo!

En la cena del Señor:

¿Qué representa el pan? _____

_____

_____

¿Cómo te hace sentir participar en la cena del señor acerca de Jesús? _____

_____

_____

_____

_____

Artículo de Fe 14: Sanidad Divina

Definición: La Sanidad Divina es un acto de Dios por el cual Él cura la enfermedad en respuesta a la oración de fe. Dios ha permitido a la gente aprender muchas maneras de curar y ayudar a las personas que están enfermas. Los cristianos no deben negarse a tomar medicamentos y deben buscar la ayuda de los médicos cuando sea necesario.

CREEMOS

■ En respuesta a la oración de fe, Dios elige a veces curar la enfermedad y restaurar la salud cuando los doctores no pueden.

■ Los cristianos deben buscar ayuda médica cuando sea necesario, esto es una vía por la que Dios cura.

Utiliza el siguiente código para completar las palabras de Santiago 5:14-15 (RVR)

△ = A
□ = E
▷ = O

"¿□stá △lgun▷ □nf□rm▷ □ntr□ v▷s▷tr▷s? Ll△m□ △ l▷s △nci△n▷s d□ l△ igl□si△, y ▷r□n p▷r él, ungiénd▷l□ c▷n △c□it□ □n □l n▷mbr□ d□l S□ñ▷r. Y l△ ▷r△ción d□ f□ s△lv△rá △l □nf□rm▷, y □l S□ñ▷r l▷ l□v△nt△rá; y si hubi□r□ c▷m□tid▷ p□c△d▷s, l□ s□rán p□rd▷n△d▷s."

13

¡Tu Turno!

Escribe aquí el significado del artículo de fe 14 en tus propias palabras.

_____

_____

_____

_____

¡Hazlo!

¿Quien siempre debe ser glorificado cuando alguien es curado?

_____

PRECAUCIÓN: Dios no siempre sana. Nadie entiende esto plenamente. La enfermedad y la muerte son el resultado del pecado y no son la intención de Dios para la gente. Pueden ser parte de nuestra libertad elegir. No sabemos por qué Dios escoge sanar algunas personas y a otras no. Sin embargo, podemos tener la confianza de que Dios nos ama y que en los cielos todas las personas son curadas.

Artículo de Fe 15:
Segunda Venida de Cristo

Definición: Jesucristo vendrá otra vez como lo prometió.

CREEMOS

■ Jesús volverá a la tierra como lo prometió.

■ Cuando Jesús regrese, se dará a conocer al mundo en todo su poder y gloria.

■ Sólo Dios el Padre sabe cuando Jesús vendrá de nuevo.

■ Podemos estar listos para la segunda venida de Jesús mediante la confianza diaria en Jesús como nuestro Salvador y amando a los demás.

Sigue las nubes de leer las palabras de 14:2-3.

"En la casa de mi Padre

muchas moradas hay;

si así no fuera,

yo os lo hubiera dicho; voy, pues,

a preparar lugar para vosotros,

Y si me fuere y os preparare lugar,

vendré otra vez,

y os tomaré a mí mismo,

para que donde yo estoy, vosotros también estéis."

¡Tu Turno!

Escribe aquí el significado del Artículo de fe 15 en tus propias palabras.

_____

_____

_____

_____

_____

_____

_____

_____

_____

¡Hazlo!

Enlaza la pregunta con la respuesta correcta.

1. ¿Quién va a estar con Jesús para siempre cuando él vuelva?

2. ¿Por qué se llama "segunda venida de Jesús"?

3. ¿Por qué los cristianos esperamos la venida de Jesús?

4. ¿Quién no esperar el regreso de Jesús?

A. Los que no han aceptado a Jesús como Salvador

B. Jesús vino por primera vez como un bebé en Belén.

C. Cuando Jesús regrese, estaremos con Él para siempre.

D. Los que han aceptado a Jesús como Salvador y viven cada día como cristianos.

Artículo de Fe 16: Resurrección, Juicio y Destino

Definición: En la resurrección, al final de los tiempos, el cuerpo de todo el mundo se une con el espíritu de la persona. Cada persona va a aparecer en el juicio ante Dios. Los que aceptaron a Cristo como Salvador y están viviendo como cristianos tendrá un destino eterno en el cielo.

CREEMOS

■ El cuerpo de todos los que han muerto será resucitado. El cuerpo estará unido con el espíritu de la persona.

■ Cada persona va a aparecer ante Dios. Dios juzgará a cada persona de acuerdo con la forma en que él o ella ha vivido en la tierra.

■ Los que aceptan a Cristo como Salvador y le obedecen vivirán para siempre con él. Los que se negaron a aceptar a Jesús como Salvador serán separados de Dios y sufrirán el castigo eterno.

Encuentra 2 Corintios 5:10 y completa las palabras que faltan.

"Porque es necesario que _____ nosotros comparezcamos ante el _____ de Cristo, para que _____ _____ reciba según lo que haya hecho mientras estaba en el _____, sea _____ o sea _____."

17

¡Tu Turno!

En tus propias palabras escribe tres cosas que has aprendido de Artículo de Fe 16.

_____

_____

_____

_____

¡Hazlo!

Los que han aceptado a Jesús como su Salvador estarán listos para la segunda venida de Jesús. Esas personas saben el ABC de Salvación. ¿Sabes lo que representa el A, B, y C?

A— _____ que has pecado (hecho mal, desobedecido a Dios). Dile a Dios lo que has hecho, arrepiéntete de ello y debes estar dispuesto a dejarlo. (Romans 3:23)

B— _____ de Dios, proclama a Jesús como tu Salvador. Di lo que Dios ha hecho por ti. Ama a Dios y sigue a Jesús. (Romanos 10:13)

C— _____ que Dios te ama y envió a su Hijo, Jesús, para salvarte de tus pecados Pide y recibe el perdón que Dios te está ofreciendo. Ama a Dios y sigue a Jesús. (Juan 3:16)

Educación — el proceso de obtener o dar conocimientos y habilidades. También es el conocimiento, las habilidades y capacidades adquiridas a partir de la escolarización.

Conoce a: Olive Winchester
1880-1947

Un aventurero es una persona que explora nuevas ideas e investiga nuevas áreas. Oliva fue una aventurera en el área de la educación. Tomó su talento natural para querer aprender y lo utilizó para servir a Dios. Mientras Oliva creció, hizo muchas cosas que las mujeres nunca habían hecho antes. Le encantaba estudiar lenguas y se convirtió en la primera mujer en graduarse de varias escuelas diferentes, con grados en la Biblia.

Después de graduarse de la escuela secundaria, Oliva fue a Radcliffe College en Massachussets. La universidad no siempre fue fácil. Oliva tuvo que conseguir un trabajo para ganar dinero para pagar sus cuentas de la universidad. La gente en su iglesia de vez en cuando le ayudó financieramente enviando dinero.

- Oliva fue la primera mujer en asistir a la Escuela Divinidad de la Universidad de Glasgow en Escocia. Fue la primera mujer en graduarse con una licenciatura en divinidad de la Universidad de Glasgow.

- Oliva fue la primera mujer en ganar su grado sistemático teológico en la Escuela de Religión del Pacífico en California.

- Oliva fue la primera mujer en ganar el título de doctor en teología en el Seminario Teológico Drew en New Jersey.

Oliva usó sus habilidades para ayudar a la Iglesia del Nazareno a crecer tanto en Escocia como Estados Unidos. Entre las escuelas donde enseñaba estaba el Colegio Santidad del noroeste (ahora conocida como Universidad Nazarena del Noroeste). Enseñó en esta escuela durante 17 años. Enseñó griego, hebreo, y la Biblia. También se convirtió en la vicepresidente de la escuela.

La educación era muy importante para Oliva y ella creía en el uso de la educación para servir a Dios. Ella animó a la gente a probar nuevas áreas de responsabilidad y explorar nuevas posibilidades.

E

ES para Educación

¿Qué tipo de cosas te gusta aprender acerca de la educación?

_____

_____

_____

¿Acerca de qué te gustaría aprender más?

_____

_____

_____

¿Cómo crees que puedes usar tu educación para servir a Dios? _____

_____

_____

_____

Puede que no sepas lo que tendrás que hacer cuando seas grande, pero la educación es importante en todo lo que vas a hacer. Jesús dijo: "Amarás al Señor tu Dios, con todo tu corazón y con toda tu alma y con toda tu mente" (Mateo 22:37).

Trabajo — esfuerzo o trabajo de hacer algo utilizando la energía o la capacidad.

Conoce a: John T. Benson Jr.
1904-1985

John creció en un hogar cristiano y se convirtió en un hombre de negocios cristiano. Trabajó en el Colegio Nazareno de Trevecca (ahora conocida como la Universidad Nazarena de Trevecca) como gerente de negocios. Su padre era dueño de la Compañía de Impresión Benson. Después de que John se graduó de la universidad de Trevecca, se convirtió en un vendedor de la empresa de su padre. Su carrera de negocios se centró principalmente en torno a la Compañía John T. Benson.

John aprendió que el trabajo es una cualidad importante a tener. Trabajó duro en su trabajo. También trabajó duro en su ministerio en la iglesia. Llevó la música en su iglesia durante 30 años.

John T. Benson Jr. sirvió en muchas áreas diferentes e hizo una serie de contribuciones a la Iglesia del Nazareno:

■ John sirvió en la junta de la iglesia local en Nashville, Primera Iglesia del Nazareno.

■ John era un miembro de la Junta de Síndicos de la Universidad Nazarena Trevecca.

■ John sirvió como miembro laico de la Junta Consultora de Distrito de Tennessee.

■ John fue elegido como miembro de la Junta General de la Iglesia del Nazareno y sirvió en esa junta durante 12 años.

■ Comenzó el ciclo de conferencias John T. Benson en el Colegio Nazareno de Trevecca.

John T. Benson Jr. trabajó duro en cada área de su vida. Él hizo un impacto en la vida de muchas personas.

21

Trabajo y Dios

Puede que no tengas un trabajo remunerado todavía, pero ser un buen trabajador no se trata sólo de que me paguen por trabajar. Se trata de hacer tu mejor esfuerzo para completar una tarea, sea lo que sea. Esto incluye tus tareas de la escuela.

¿Por qué crees que ser un buen trabajador es importante para un cristiano? _____

_____

_____

¿Cómo puedes ser un mejor trabajador? _____

_____

_____

¡Ve a las Hormigas!

La Biblia nos da algunos grandes ejemplos de cómo ser un buen trabajador. Lee Proverbios 6:6-9.

¿Qué dice acerca de las hormigas? _____

_____

_____

¿Cómo lo que hacen las hormigas en el verano las guarda en el invierno? _____

_____

_____

¿Qué pasará con el haragán (la persona perezosa)? _____

_____

_____

_____

PREMIO HALDOR LILLENAS
Máximo Premio Aventurero

Haldor Lillenas era un evangelista de canto y músico que escribió muchos de los himnos cantados en los primeros días de la Iglesia del Nazareno. Él creó la Compañía de Música Lillenas que se convirtió en la rama de la edición musical de la Editorial Nazareno.

Para ganar el premio Haldor Lillenas Caravana, debes completar dos años en el programa de Aventureros mientras estás en los grados quinto y sexto y completar lo siguiente:

Rango Descubridor

- Ocho Insignias
  (2 por cada categoría)
- Artículos de Fe 9-12
- 2 Valores Fundamentales
- 1 Proyecto de Ministerio

Rango Pionero

- Ocho Insignias
  (2 por cada categoría)
- Artículos de Fe 13-16
- 2 Valores Fundamentales
- 1 Proyecto de Ministerio

MEDALLA PHINEAS F. BRESEE

El Rev. Phineas F. Bresee predicó que la gente podía vivir una vida santa. El 6 de octubre de 1895, él y otras 35 personas comenzaron una nueva iglesia llamada Iglesia del Nazareno. Estuvo de acuerdo en el nombre de Iglesia del Nazareno, porque los Evangelios se refieren a Jesús como Nazareno (de la ciudad de Nazaret). Sintió que la nueva iglesia debía reflejar las enseñanzas de Jesús y enseñar la importancia de vivir una vida santa. La iglesia creció. En ocho años, la iglesia creció a más de 1.500 miembros.

En 1907, las iglesias de santidad desde el Este y el Oeste se reunieron en Chicago para formar una iglesia unificada. En 1908, las iglesias de santidad del Sur se unieron a la denominación de este a oeste recién formadas. Los tres líderes elegidos miembros se llamaron "superintendentes generales." Los tres líderes fueron, Phineas F. Bresee, H.F. Reynolds, y E. P. Ellyson.

La medalla de Phineas F. Bresee es un premio especial presentado a los niños que han completado cuatro años en el programa Caravana como un Explorador Centinela, Explorador Scouts, Aventurero Descubridor y Aventurero Pionero.

24

Para recibir la medalla de Phineas F. Bresee, debes completar lo siguiente:

1. Completa los rangos Explorador Centinela y Scouts cuando estés en tercer y cuarto grado.

2. Gana el Premio Esther Carson Winans.

3. Completa los rangos Aventurero Descubridor y Pionero cuando estés en quinto y sexto grado.

4. Gana el Premio Haldor Lillenas.

5. Aprende los 16 Artículos de Fe.

6. Completa cuatro proyectos ministeriales.

Su guía deberá entregar su *Registro Individual de Seis Años* al director de la Caravana para demostrar que ha cumplido con todos los requisitos para el premio. El Director confirmará que debe cumplir con todos los requisitos de la medalla Bresee.

Si eres un miembro de los Boy Scouts de América, puedes usar tu medalla Phineas F. Bresee en tu uniforme de Boy Scouts.

CUIDADO DEL AUTOMÓVIL

VERSÍCULO BÍBLICO

"Hagan lo que hagan, trabajen de buena gana, como para el Señor y no como para nadie en este mundo, consientes de que el Señor los recompensará con la herencia. Ustedes sirven a Cristo el Señor." (Colosenses 3:23-24)

A medida que subes en el coche con tus padres, mira los coches a tu alrededor. Te darás cuenta de que algunos coches son agradables y brillantes, trabajan sin problemas, y están bien cuidados. Otros coches no son tan maravillosos. Los humos y vapores salen de los gases de escape. "¡Lávame, por favor!" está escrito en la tierra en algunos coches. La edad pasa factura en los coches, pero a menudo falla un coche, ya que no ha sido atendido correctamente.

Nuestras vidas espirituales son algo así como los coches. Hay algunas cosas que tenemos que hacer para mantener una relación con Dios. La oración, lectura de la Biblia, y asistir a la iglesia nos ayudan a mantener una relación sana con Dios. La vida cristiana es realmente un viaje, y debemos mantenernos adecuadamente en sintonía con Dios hasta que llegue nuestro destino final.

TRABAJO

Qué Puedes Hacer Con Esta Habilidad

El cuidado y mantenimiento básico del automóvil ahorra miles de dólares durante la vida de un coche. Cambiar el aceite regularmente, comprobar los neumáticos, controlar los fluidos y presiones, y mantener un coche limpio, son parte de la responsabilidad de ser dueño de un coche. Dios espera que seamos buenos administradores de lo que poseemos, incluyendo nuestros vehículos.

Requisitos ✓ de Insignia

Elije cuatro de los cinco requisitos para completar la insignia Cuidado del Automóvil.

☐ Ser capaz de revisar todos los líquidos de automoción y presión de los neumáticos.

26

- [ ] Saber cómo cambiar el aceite en un coche.
- [ ] Saber cómo cambiar una rueda pinchada.
- [ ] Lavar un coche correctamente.
- [ ] Encontrar una manera en la que puedas utilizar tus nuevas habilidades de mantenimiento de automóviles para servir a alguien más.

Ten cuidado de trabajar en un coche mientras el motor está caliente.

Seguridad #1

Siempre utiliza herramientas para el fin previsto. Por ejemplo, nunca utilices un destornillador para hacer palanca.

Nunca llenes en exceso el motor con aceite.

Nunca quites la tapa del radiador cuando el motor está caliente.

Siempre mantén la presión adecuada en los neumáticos.

El Motor

Esta ilustración muestra un primer plano del motor.

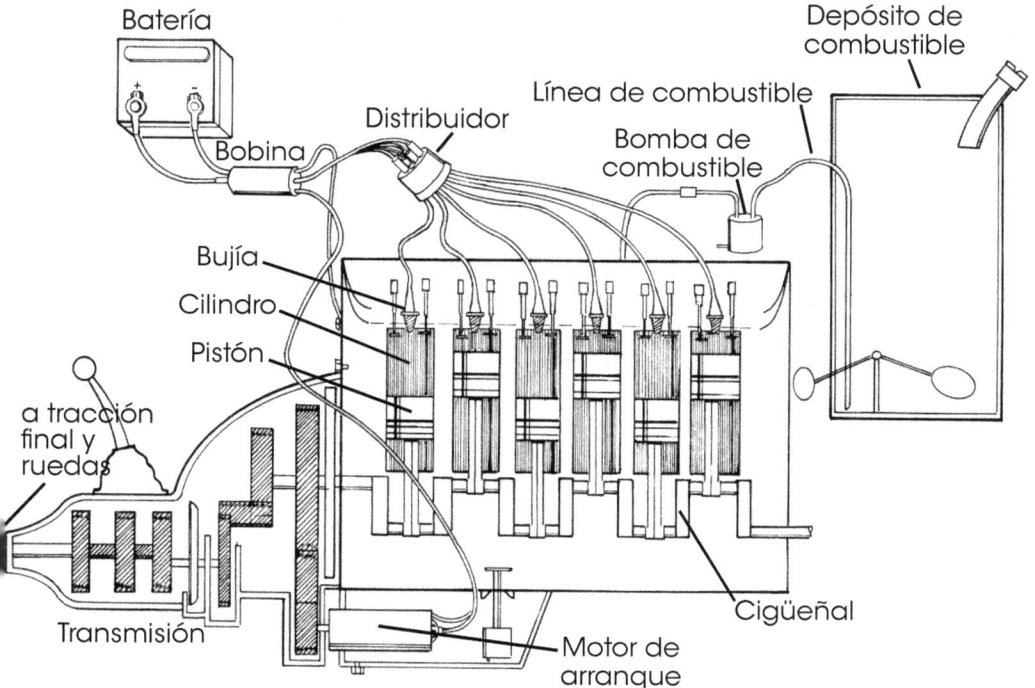

Batería

Depósito de combustible

Línea de combustible

Distribuidor

Bomba de combustible

Bobina

Bujía

Cilindro

Pistón

a tracción final y ruedas

Transmisión

Motor de arranque

Cigüeñal

27

PALABRAS PARA SABER

Mecánico: Una persona especialmente entrenada para reparar un automóvil.

Llave: Una herramienta que se utiliza para aflojar y apretar tuercas y tornillos.

Pulir: El proceso de hacer brillar la superficie exterior del coche después de aplicar la cera.

Filtro de aceite: Un dispositivo que se utiliza para filtrar la suciedad y las impurezas del aceite de un coche.

Detallado: El proceso de limpieza y pulido de los compartimientos interiores de un coche. Esto incluye el maletero, el compartimento del motor, y la zona de pasajeros.

MANTENIMIENTO BÁSICO DEL COCHE:
Sesión 1

La propiedad y uso de automóviles es una gran responsabilidad. A fin de que tu coche dure más de 100,000 millas, tienes que cuidar de él. Se debe tomar cuidado especial para asegurarse de que todos los niveles de los líquidos sean correctos, y el coche está funcionando correctamente. Las siguientes listas dan áreas para verificar y comprobar.

Comprueba Semanalmente

1. El Anticongelante/Refrigerante. Asegúrate de que el motor esté frío. Puede que tengas que fijarte sólo en el tanque de expansión.

2. Nivel de Aceite. Apaga el motor y retira la varilla de nivel. Límpiala y vuelve a insertar la varilla. Tira de ella de nuevo, comprueba el nivel de aceite y añade aceite si es necesario.

3. Fluido para Limpiaparabrisas. Comprueba el depósito y añade líquido si es necesario.

4. Neumáticos. Comprueba la presión de los neumáticos (usualmente 35 psi, libras por pulgada cuadrada). También comprueba el desgaste de la banda de rodadura. El desgaste desigual del neumático indica problemas de alineación o balanceo.

Comprueba Mensualmente

1. Correas y Mangueras. Busca signos de desgaste o quemaduras.

2. Filtro de Aire. Sustituir cuando esté sucio u obstruido.

3. Líquido de Frenos. Limpia la suciedad de la tapa del cilindro maestro. Desenrosca la tapa y comprueba el nivel del líquido. Hay una línea en el lado que indica la marca de nivel completo.

4. Fluido de la Dirección. Retira la varilla, y agrega el líquido si es necesario.

5. Luces. Pide a alguien ver las luces en la parte exterior del coche, y que encienda las luces de posición, intermitentes, frenos, luces y revertir. Retira las luces quemadas, y limpia todas las lentes de la luz.

Comprueba cada dos meses

1. Líquido de transmisión. Revisa el líquido de transmisión cuando el motor está caliente. Mientras que el motor está en marcha retira la varilla de nivel. Límpiala y vuelve a insertar la varilla. Tira de ella de nuevo, comprueba el nivel de líquido, y agrega líquido si es necesario.

2. Los limpiaparabrisas. Reemplaza cuando ya no limpie el limpia parabrisas. Reemplaza las cuchillas al menos una vez al año.

ACEITE Y NEUMÁTICOS: Sesión 2

Cómo cambiar el aceite en un coche.

1. Con la supervisión de un adulto, utiliza un gato de piso para levantar el coche de la tierra. Usando trípodes asegura el coche a un nivel suficientemente alto como para deslizarte por debajo.

2. Localiza el tapón de drenaje de aceite. Coloca una bandeja de aceite debajo de la trayectoria de flujo de drenaje, y afloja el tornillo. Ten cuidado, el petróleo saldrá a prisa una vez que el tornillo se afloje lo suficiente.

3. Después de que el aceite acabe de drenar, reemplaza el tapón, y aprieta con una llave.

4. Busca el filtro de aceite y coloca la bandeja de aceite a continuación. Comienza aflojando el filtro. Es posible que necesites una llave para aflojar el filtro. Ten cuidado ya que el aceite se dispersa una vez que se afloja.

5. Usa un trapo para limpiar la placa de filtro y la zona de tornillo.

6. Sumerge el dedo índice en aceite fresco, y aplica una capa fina de aceite a la junta del nuevo filtro de aceite. Coloca el filtro en su

lugar y aprieta a mano. Ten cuidado para que el filtro quede un poco apretado, pero no demasiado.

7. Revisa el manual del propietario para determinar la cantidad de aceite que se necesita para el motor del coche. Esto puede ser en cualquier lugar de 3 ½ a 5 cuartos o más dependiendo del vehículo. También puedes ver el peso de aceite recomendado (5W-30 para los meses de verano y 10W-30 para los meses de invierno).

8. Retira la tapa y pon la cantidad recomendada de aceite en el motor. Que un adulto inicie el coche mientras miras fugas debajo.

9. Utiliza un trapo para limpiar la parte superior del motor, y cualquier gota de aceite que permanezca por debajo del coche. Con supervisión de un adulto, baja el coche de vuelta a la tierra.

Conseguir Mejor Rendimiento Del Combustible
- Cambia el aceite cada 3,000 millas.
- Comprueba las bujías y la transmisión.
- Usa de vez en cuando un aditivo de tratamiento de gases.
- Que un mecánico chequee tu filtro de línea de gas cada 50.000 millas.
- Mantén los neumáticos a la presión adecuada.
- Retira el exceso de peso del vehículo.
- Observa el límite de velocidad, y evita el exceso de esfuerzo.
- Utiliza el aire acondicionado sólo cuando sea necesario. El aire acondicionado hace que el motor trabaje más y utilice más gasolina.

Cambiar un Neumático
1. Busca la rueda de repuesto, el gato, y el neumático en el maletero del coche.

2. Coloca el gato debajo del coche y cuidadosamente elévalo hasta que haga contacto con el bastidor del coche.

3. Antes de levantar el coche del suelo, utiliza la llave de tuerca para aflojar las tuercas de la rueda. Después que se aflojen, continúa inclinando el coche hasta que la rueda se despegue del suelo.

4. Retira las tuercas de la llanta, quita el neumático del eje, y sustituye la llanta desinflada con la llanta de repuesto del maletero.

5. Coloca las tuercas de la rueda, pero no aprietes completamente.

6. Baja el coche al suelo, y termina de apretar las tuercas de la rueda.

MANTENIENDO LA LIMPIEZA: Sesión 3

Mantener limpio tu coche no lo ayuda a funcionar mejor, pero sin duda tiene una buena impresión. Un coche limpio y encerado te ayuda a mantenerlo sin oxidar y sin que se astille su pintura.

Diez Consejos para el Paquete Perfecto: Tener un coche limpio y brillante.

1. Elije una zona de sombra. Lavar tu automóvil al sol hará que se seque demasiado rápido. Esto ayuda a prevenir la aparición de líneas.

2. Selecciona el jabón adecuado. El jabón para lavar platos es para los platos. Compra jabón hecho para los coches.

3. Comienza desde la parte superior hacia abajo. Comienza a lavar el techo del coche. Enjuaga el coche de la misma manera.

4. Enjuaga el coche por primera vez. Esto eliminará cualquier suciedad y mantendrá tu toallita húmeda.

5. Seca el vehículo por completo. Que tu coche se seque al aire dejará manchas. Usa una toalla suave, seca y empieza de nuevo con el techo.

6. Pon atención a los detalles. Comprueba el marco de las puertas, la puerta del tanque de gasolina, y la zona del capó. Frota las llantas y paredes blancas, y vuelve a revisar el coche para las áreas perdidas.

7. Ten cuidado al retirar los insectos, alquitrán, y los excrementos de las aves. Pueden dañar la pintura de tu coche, utiliza un limpiador especial para eliminarlos.

8. Encerar el coche. Aplica la cera a la toalla primero y trabaja el coche con un movimiento circular. Sigue todas las instrucciones en el envase. Un tampón dará a la cera un hermoso brillo.

9. Detalla el coche. Vacía los espacios interiores, limpia la basura, utiliza un limpiador en las ventanas, y aplica un limpiador y sellador en todo el caucho y cuero.

10. Disfruta de tener el coche más limpio en el barrio, por lo menos hasta que llueva!

¡ENVUÉLVELO!

1. ¿Cómo te sentiste después de tu proyecto de ministerio? _____
   _____
   _____
   _____

2. ¿Cómo puede Dios usar tu capacidad de cuidar y mantener adecuadamente un coche para ayudar con el coche familiar?
   _____
   _____
   _____
   _____

3. ¿Qué dice Colosenses 3: 23-24 acerca de tu actitud hacia el mantenimiento de un coche? _____
   _____
   _____
   _____
   _____
   _____

_____   _____
Fecha   Firma de Guía

MEDIO AMBIENTE

Mental

VERSÍCULO BÍBLICO

"Dios el Señor tomó al hombre y lo puso en el jardín del Edén para que lo cultivara y cuidara de él." (Génesis 2:15)

¿Alguna vez has estado en un zoológico? ¡Un lugar increíble! Tiburones, osos, leones, insectos, medusas, monos, leopardos, orangutanes, elefantes, jirafas, ratas, topos, cocodrilos, murciélagos vampiro la lista sigue y sigue. Hay más especies y más variedad en la naturaleza que aún no entendemos.

Por desgracia, encuentras una señal para muchas de las exhibiciones de animales con este anuncio: "Especies en Peligro" Eso significa que sin algún trabajo rápido por nuestra parte, especies enteras serán borradas de la tierra. La causa más común es la destrucción del hábitat, y las personas son los culpables.

La creación de Dios es infinitamente impresionante. Podemos mirar a nuestro alrededor en los árboles, campos, colinas, nubes, y ver la obra de sus manos. Su creación es magnífica y Él amorosamente encomendó su cuidado a nosotros. Cuando cuidamos del medio ambiente, honramos la responsabilidad que Dios nos dio de cuidar su mundo.

EDUCACIÓN

¿Qué Puedes Hacer Con Esta Habilidad?

Esta habilidad te ayudará a entender y respetar la maravilla de la creación de Dios, así como el papel que desempeñamos en el cuidado de esa creación.

Requisitos ✓ de Insignia

Elige cuatro de los cinco requisitos siguientes para realizar la insignia Medio Ambiente.

☐ Aprender cómo las plantas, animales, aire, agua, luz solar y las personas trabajan juntos en el medio ambiente.

□ Aprender el ciclo del agua, del oxígeno, y la cadena alimentaria. ¿Cómo las personas afectan estos ciclos?

□ Seleccionar cuatro cosas que puedes hacen en casa para prevenir la contaminación, el reciclaje de artículos usados, o conservar la energía y el agua.

□ Seleccionar un proyecto de limpieza de contaminación. Toma una imagen de la zona antes y después del proyecto de limpieza. Escribe un breve resumen del proyecto.

□ Encontrar una manera en la que puedas utilizar tus nuevas habilidades de Medio Ambiente para servir a otra persona.

PALABRAS PARA SABER

Coloca las palabras y las definiciones en tarjetas individuales "3 x 5". Mezcla las tarjetas y colócalas en una mesa. Al enseñar las diferentes sesiones, da a los Pioneros una oportunidad para que hagan coincidir las palabras con las definiciones. Esto les ayudará a recordar las palabras del vocabulario de la insignia.

Atmósfera: Una capa protectora de aire que rodea la tierra.

Ciclo: Un proceso repetido que comienza de nuevo cuando se ha completado.

Cadena alimentaria: El proceso de organismos al comer al siguiente miembro inferior de la cadena.

Ecosistema: Una comunidad de organismos y su medio ambiente funcionando como una unidad en la naturaleza.

Contaminar: Contaminar o hacer lo impuro o inmundo.

Descubrir

El medio ambiente es el estudio de cosas en nuestro mundo y cómo se afectan entre sí. Incluye luz, suelo, agua, plantas, animales y personas.

En el principio Dios creó el mundo. Dio a la gente todo lo que necesitarían para vivir. Dios creó los sistemas que dependen entre sí. Génesis nos dice que Dios dio a la gente la responsabilidad de cuidar de la tierra. Las elecciones que hacemos hoy determinan el tipo de gente de la tierra y de los recursos que tendrá en el futuro.

¿CÓMO TRABAJAR TODOS JUNTOS?
Sesión 1

Plantas

Las plantas son esenciales para la vida en la tierra. Producen oxígeno. Cada hoja es como una pequeña fábrica. El verde en una hoja se llama clorofila. La planta utiliza la luz solar, el agua, los nutrientes y el dióxido de carbono para producir alimento.

A medida que la planta hace su comida, desprende oxígeno. El oxígeno es esencial para los animales y los seres humanos. ¿Qué cantidad de oxígeno puede producir una planta? Un cuadrado de 25 pies de hierba produce suficiente oxígeno para un adulto para un día. Las plantas también ayudan de otras maneras. Proporcionan alimento para animales y personas. Mantienen el suelo ventilado y lavado. Liberan humedad en el aire a través de pequeños poros en sus hojas.

Aire

Nuestra atmósfera es una capa de aire que rodea la tierra. Protege contra los meteoros. Absorbe el agua y la distribuye sobre la tierra en forma de lluvia y / o nieve.

El aire absorbe el agua salada de los océanos. Lo cambia en forma de lluvia o nieve limpia y ayuda a reponer el agua dulce en los arroyos, estanques, lagos y ríos.

Agua

El agua de nuestra tierra ahora es el agua que alguna vez tendremos. Más agua no puede ser producida. En el proceso de reciclaje de la naturaleza, el agua está en constante utilización y reutilización. El agua se evapora en el aire, luego se condensa y cae a la tierra en forma de lluvia o nieve. A continuación, el ciclo comienza de nuevo.

Las plantas, los animales y las personas necesitan tener agua para vivir. Es por eso que es tan importante tener un buen cuidado de nuestro suministro de agua.

Grandes cantidades de agua se utilizan en el proceso de hacer las cosas que usamos todos los días. Por ejemplo, se tarda unos 150 galones de agua para hacer un periódico. Se necesitan 200 litros de agua para hacer el caucho de un neumático. Y se necesitan 650 litros de agua para fabricar el acero para una sola bicicleta.

Parece que hay una gran cantidad de agua en el mundo, por lo que no nos damos cuenta de lo mucho que utilizamos. Un baño toma 30 litros de agua, y una ducha toma 20. ¡Eso es como llenar una jarra de leche 20 veces y verterla por el desagüe! Toma 3 litros de agua tirada de la cadena, y 2 galones lavarse las manos y la cara. Treinta y dos galones de agua van por el desagüe por cada carga promedio de lavandería. ¿Cuáles son algunas cosas que puedes hacer para conservar el agua?

_____

_____

Ciclos

Los ciclos son muy importantes para nuestra tierra. Si se cambia una cosa en el ciclo, se inicia una reacción en cadena. Por ejemplo, las plantas necesitan dióxido de carbono para crecer. Algunos animales comen plantas, luego mueren y sus cuerpos se descomponen, convirtiéndose en parte del suelo liberando carbono. ¡El carbono se convierte en el dióxido de carbono, que utilizan las plantas, y el ciclo comienza de nuevo!

Ciclo de Agua

nube · condensación

nieve

enfriado

nieve

se derrite

evaporación

lago

océano

aguas subterráneas

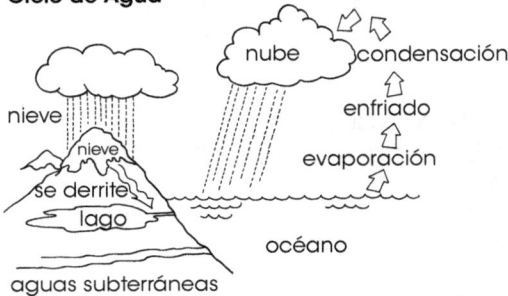

Ciclo de Oxígeno

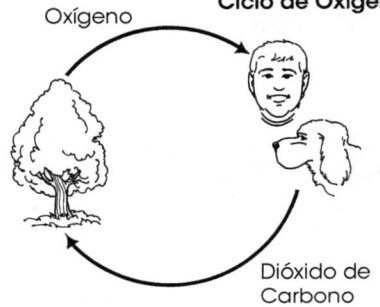

Oxígeno

Dióxido de Carbono

Cadena Alimenticia

La cadena alimentaria es un ciclo importante porque afecta a la vida de las personas, animales y plantas. Veamos lo que ocurre cuando el veneno entra en un ciclo.

El DDT es un veneno. Fue utilizado para matar insectos que se alimentaban de plantas. Las personas pulverizan el DDT en las plantas. Los insectos se comieron el veneno. Aves y otros animales murieron porque comieron los insectos envenenados. El DDT se convirtió en parte de la cadena alimenticia. Cuando llovió, el DDT lavó las plantas y el suelo. El agua contaminada se convirtió en parte del ciclo del agua, porque el agua de lluvia entró en los ríos. El DDT mató a los peces bebé. Cuando murieron los peces más viejos, no había peces más pequeños para ocupar su lugar.

Pronto no había más peces en los lagos y los ríos que contenían DDT.

El DDT se utiliza para deshacerse de los insectos, pero se convirtió en parte de la cadena alimentaria y el ciclo del agua. Mató a animales, peces, y contaminó el agua. Si una cosa se cambia en un ciclo, hace que otras cosas cambien. (Nota: el DDT ya no está disponible para el jardín ordinario o uso de la granja.)

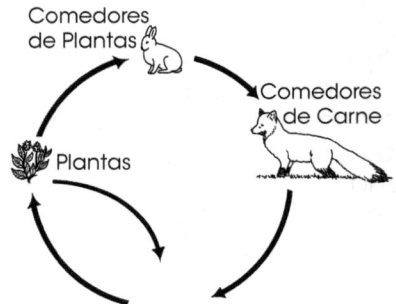

Comedores de Plantas

Comedores de Carne

Plantas

36

ECOSISTEMA: Sesión 2

¿Qué es un Ecosistema?

Un ecosistema es una comunidad de plantas y animales. También incluye el aire, el agua y el suelo.

Un ecosistema nos ayuda a aprender sobre el círculo de la vida. Nos ayuda a comprender que todo en nuestro mundo depende de otras cosas. También ayuda a aprender acerca de la vida vegetal y animal.

Contaminación

No siempre sabemos qué productos químicos serán perjudiciales. Por ejemplo, el mercurio se libera en una forma segura. Cuando se deposita en el fondo de los lagos, se convirtió en metilmercurio, que es venenoso. Este pasa a través de la cadena alimentaria y envenena a las personas que comieron los peces de los lagos.

Contaminación del Agua

La contaminación del agua es la adición de cualquier cosa que reduzca la limpieza o pureza del agua.

Nuestra forma de vida ha causado la contaminación generalizada del agua. Las fábricas han vertido residuos en los ríos. Las ciudades han vertido aguas residuales a los ríos y lagos.

1. El alcantarillado provoca enfermedades como la fiebre tifoidea, la hepatitis viral, y la disentería. Los contaminantes también matan a los peces y las plantas.
2. Los residuos tóxicos tienen sustancias químicas tóxicas. Contaminan el agua cuando entran en el agua subterránea, nuestra principal fuente de agua potable.
3. Los fertilizantes y pesticidas causan la contaminación del agua también. Cuando se usan demasiado estos productos químicos, se lavan en el ciclo del agua. Los fertilizantes en el agua aumentan el crecimiento de las plantas acuáticas. Se vuelven tan gruesas que las plantas en el fondo de los lagos o ríos ya no pueden obtener la luz solar que necesitan. Como la capa inferior de las plantas muere y se descompone, utilizan el oxígeno en el agua. Luego, los peces y más plantas comienzan a morir a causa de la falta de oxígeno.

Contaminación de la Tierra

La contaminación del suelo incluye basura y desechos enterrados. ¿En cuántos lugares ves basura?

Contaminación del Aire

La atmósfera de la Tierra es de siete millas de profundidad. Es importante mantener limpio el aire, porque esto es todo el aire que la tierra tiene.

Nuestro aire está contaminado por el escape de los automóviles, polvo, humo, carbón, petróleo, y otras cosas. Los productos químicos que se liberan en el aire por automóviles, fábricas y plantas se mezclan con agua en el aire. Esto crea la "lluvia ácida". La lluvia ácida contamina nuestras aguas, el suelo y los cultivos. Puede matar a los animales y las plantas. Incluso puede causar que un edificio se deteriore.

Contaminación de Pesticidas

Los pesticidas son venenos utilizados para matar las malas hierbas y las plagas de animales. Por desgracia, no sólo matan las plagas. Por ejemplo, los rosales se pulverizan para deshacerse de los áfidos. Las aves son envenenadas cuando comen los pulgones, y los gatos son envenenados cuando comen los pájaros que comieron los áfidos.

Una solución es utilizar los ciclos naturales que Dios creó. Las mantis religiosas y mariquitas ayudan a controlar algunos insectos del jardín. Los martins purpuras son aves que se alimentan de miles de insectos cada día.

Otra solución es la de deshacerse de las plagas sin venenos. Los ratones pueden ser capturados con trampas. Las moscas pueden ser asesinadas con matamoscas.

Contaminación Acústica

El ruido puede ser un contaminante. El exceso de ruido puede causar pérdida de la audición. La pérdida es tan lenta que la persona por lo general no sabe lo que está sucediendo.

La contaminación acústica incluye equipos de música, ruidosos bocinazos fuertes, televisores y radios, aviones a reacción, etc.

RECICLAJE: Sesión 3

Reciclar, significa la reutilización de los objetos desechados. Reciclar es muy importante. Nuestros recursos se están agotando y la basura va en aumento.

Algunas cosas pueden ser recicladas en vez de ser desechadas: el vidrio, metal, latas de aluminio, y los periódicos son sólo algunas de estas cosas.

También puedes reciclar cosas en casa. El papel que se ha utilizado en un lado, puede ser utilizado para hacer papel de nota, listas de compras, listas "Qué hacer", y papel de dibujo. El plástico y bolsas de papel se pueden utilizar para la basura.

Algunas cosas en el hogar pueden ser reparadas en lugar de desechadas. Aparatos pueden ser reparados. Los muebles pueden ser pintados y el tejido reemplazado.

Algunas cosas pueden ser utilizadas para otro fin. De las latas y tarros se pueden hacer portalápices o macetas. Las botellas pueden ser candelabros. Los cartones de leche y botellas de plástico pueden ser comederos de aves. Las velas viejas se pueden fundir para hacer velas nuevas. Los crayones viejos pueden ser usados para colorear hacer cera de vela. Los restos de madera se pueden lijar y pintar para hacer bloques de construcción.

Las cosas que se pueden reciclar y las cosas que se crean sólo están limitadas por tu imaginación y creatividad.

¿Cuáles son tres cosas que tiro a la basura en el hogar que se pueden reciclar?

Programa de Reciclaje de la Naturaleza
Una Maceta de Ecosistema

Cuando Dios creó la tierra, diseñó un sistema perfecto. La naturaleza tiene su propia manera de reciclar y reutilizar los materiales. Vamos a crear un ecosistema en miniatura y ver lo que sucede cuando se permite que la naturaleza siga su curso. Después de tres semanas, se puede observar lo que ha sucedido. En este punto, ¿qué crees que pasará?

1. Ponemos periódico, plástico, aluminio, vidrio, cáscaras de papa y pan en nuestro ecosistema. ¿Qué se ha descompuesto?
2. ¿Qué no se ha descompuesto? ¿Por qué?
3. ¿Qué sucede cuando ponemos estos mismos ingredientes en nuestros vertederos?

Papel reciclado

Un montón de cosas diferentes pueden ser reutilizadas o utilizadas de una manera diferente. Vamos a hacer nuestro propio papel de cosas que nos suele tirar cuando hemos terminado con ellas. Sigue estos pasos para hacer tu propio papel hecho en casa.

1. Echa un cuarto de agua en un recipiente.
2. Corta la mitad de una hoja de periódico en trozos pequeños, del tamaño de confeti. Ponlos en el recipiente a remojar durante una hora.
3. Al final de la hora, vierte el papel en el recipiente con un batidor de huevos. Debe convertirse en una textura cremosa. Esto se conoce como pulpa.
4. Disuelve dos cucharadas llenas de pasta de papel tapiz o almidón de maíz en dos tazas de agua. Vierte en la pulpa. Remuévelo.

39

5. Sostén una hoja de material de pantalla plana y échala en la pulpa. Haz esto varias veces hasta que tengas una capa de pasta de aproximadamente 1/16.

6. Coloca la pantalla de pasta en el periódico. Coloca la envoltura de plástico en la parte superior de la pulpa. Presiona con un bloque de madera -suavemente- al principio, luego con más presión. El agua se filtrará a través de la pantalla en el periódico.

7. Deja secar la pantalla durante 24 horas. Quita el papel y ¡tienes tu propio papel hecho en casa!

¡ENVUÉLVELO!

1. ¿Cómo te sentiste después de tu proyecto de ministerio? _____
   _____
   _____

2. ¿Cómo puede Dios utilizar tus habilidades para cuidar el medio ambiente en el futuro?
   _____
   _____
   _____
   _____

3. Vemos la obra de Dios cada vez que miramos por la ventana. Su hermosa creación es una prueba de su amor por nosotros. ¿Cómo puedes ayudar a Dios al cuidar de su mundo?
   _____
   _____
   _____
   _____
   _____

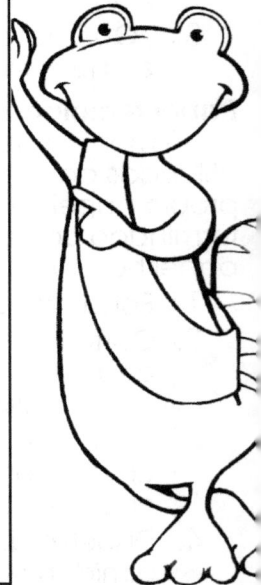

_____   _____
Fecha   Firma de Guía

PRIMEROS AUXILIOS

Mental

VERSÍCULO BÍBLICO

"Pero un samaritano que iba de viaje llegó a donde estaba el hombre; y viéndolo, se compadeció de él. Se acercó, le curó las heridas con vino y aceite, y se las vendó. Luego lo montó sobre su propia cabalgadura, lo llevó a un alojamiento y lo cuidó." (Lucas 10:33-34)

Imagínate que estás caminando por la acera cuando un coche se vuelve hacia los coches aparcados en la calle donde estás parado. ¿Qué haces? ¿Entras en pánico? ¿Corres a ayudar? Llegas, y debido a tu formación en primeros auxilios en la reunión Caravana de la semana pasada, estás preparado para ayudar a aquellas personas que lo necesitan.

A menudo tenemos la oportunidad de ayudar a los demás. Ayudar a los necesitados es algo natural cuando esas personas son nuestros amigos. Pero ayudar a enemigos o personas que no conocemos puede ser más difícil. No es fácil poner a otros en primer lugar cuando nos han tratado con poca amabilidad. Pero Dios nos ayuda a mostrar bondad a los que no nos han tratado con amabilidad.

Jesús nos recuerda a través de la parábola del buen samaritano que se supone que debemos cuidar a los demás si son nuestros mejores amigos, desconocidos, o nuestros peores enemigos.

EDUCACIÓN

Qué Puedes Hacer Con Esta Habilidad

Aprender las habilidades básicas de primeros auxilios te prepara para ayudar a otros en su momento de necesidad. También te ayuda a saber cómo manejar situaciones de emergencias que puedas enfrentar.

Requisitos ✓ de Insignia

Elije cuatro de los cinco requisitos para completar la insignia Primeros Auxilios.

☐ Saber cómo llamar para pedir ayuda. Saber qué información se necesita y a quién llamar.

41

- [ ] Identificar los "primeros pasos" necesarios en cualquier situación de primeros auxilios.
- [ ] Desarrollar una lista de los artículos necesarios para un botiquín de primeros auxilios, montar los elementos necesarios, y colocar el kit de primeros auxilios, donde haya fácil acceso a él en una emergencia.
- [ ] Conocer los procedimientos básicos de primeros auxilios para emergencias médicas comunes: quemaduras, cortes / rasguños / contusiones, desmayos, hemorragias nasales, esguinces, fracturas de huesos, shock, falta de respiración y problemas cardíacos.
- [ ] Encontrar una manera de utilizar tus nuevas habilidades de primeros auxilios para atender a otra persona.

#1 Seguridad

■ **SieMPRe** da paso a los profesionales de primeros auxilios cuando lleguen.

■ **Nunca** muevas a una persona con una lesión grave.

■ **SieMPRe** comprueba si hay una identificación médica. La persona puede ser que lleve un brazalete médico, un encaje de cuello-médico, o tener información en una cartera o bolso. Siempre obtén tanta información como sea posible.

■ **Nunca** dejes sola una víctima a menos que sea absolutamente necesario.

PALABRAS PARA SABER

Primeros auxilios: Primera ayuda prestada en una emergencia.

Fractura: Un hueso roto. Una fractura compuesta es un hueso roto que sobresale de la piel. Una fractura simple, la más común, es un hueso roto que no sobresale de la piel.

RCP: Reanimación Cardio Pulmonar. RCP se da cuando una persona deja de respirar y el corazón no está latiendo.

Quemadura: Una herida recibida como resultado de algo caliente. Esto puede incluir una quemadura solar.

Shock: El shock ocurre cuando una persona se queda débil, él o ella puede empezar a perder la conciencia, y la piel se vuelve fría y pálida.

SEMA: Servicio de emergencias médicas (por lo general una ambulancia).

¡AYUDA! Sesión 1

El conocimiento de los tratamientos generales de primeros auxilios puede permitirte salvar la vida de alguien algún día. Los accidentes ocurren con frecuencia, y puedes tener la oportunidad de intervenir, tomar el control en una situación, y ayudar a alguien que lo necesite.

¿Qué Debo Hacer?

Los dos primeros pasos en cualquier emergencia están estrechamente vinculados. En primer lugar, enviar a alguien para pedir ayuda. En segundo lugar, evaluar la situación. Vamos a ver los pasos que hay que saber para estos dos.

Obteniendo Ayuda

1. Conocer la ubicación o la dirección exacta y el número de teléfono desde el que estás llamando.
2. Conocer la naturaleza de la emergencia (accidente de coche, alguien no está respirando, hueso roto, etc.).
3. Saber cuántas personas están involucradas en el accidente y cuántas están lesionadas.
4. Conocer la ubicación de la escena de emergencia si es diferente del lugar donde realizas la llamada.
5. No cuelgues hasta que el operador haya recibido toda la información necesaria de tu parte.
6. Si es de noche, ten a alguien en el exterior para encender la luz de la entrada para ayudar a que SME localice el lugar del accidente.

Poniéndolo Todo Junto

Ves un accidente. Una persona corre a ayudar a los heridos, mientras llamas para pedir ayuda. En primer lugar, adquiere toda la información necesaria. Luego, tu llamada sonará algo como esto: "Hay un accidente en la esquina de la calle principal y Avenida 13. Hay tres personas heridas. Uno de ellos ha dejado de respirar. Estoy llamando desde un número telefónico celular 5555-5454". (Tu número de teléfono)

Evaluando Un Accidente De Emergencia

1. ¡Mantén la calma! No te asustes. Piensa en lo que tienes que hacer con el fin de salvar la vida de la persona.
2. Si la víctima está inconsciente, comprueba si hay señales de vida. Comprueba pulso y respiración de la víctima.
3. Si la persona no está respirando o no tiene pulso, inicia la RCP.

4. Si la víctima está despierta, detén cualquier hemorragia grave aplicando presión.

5. Tratar el choque. Cubre con una manta o una pieza extra de ropa.

Nota: Si hay algunos transeúntes, uno de ellos debe ser enviado en busca de ayuda. Nunca intentes mover a una persona lesionada a menos que sea absolutamente necesario.

DAR UNA MANO: Sesión 2

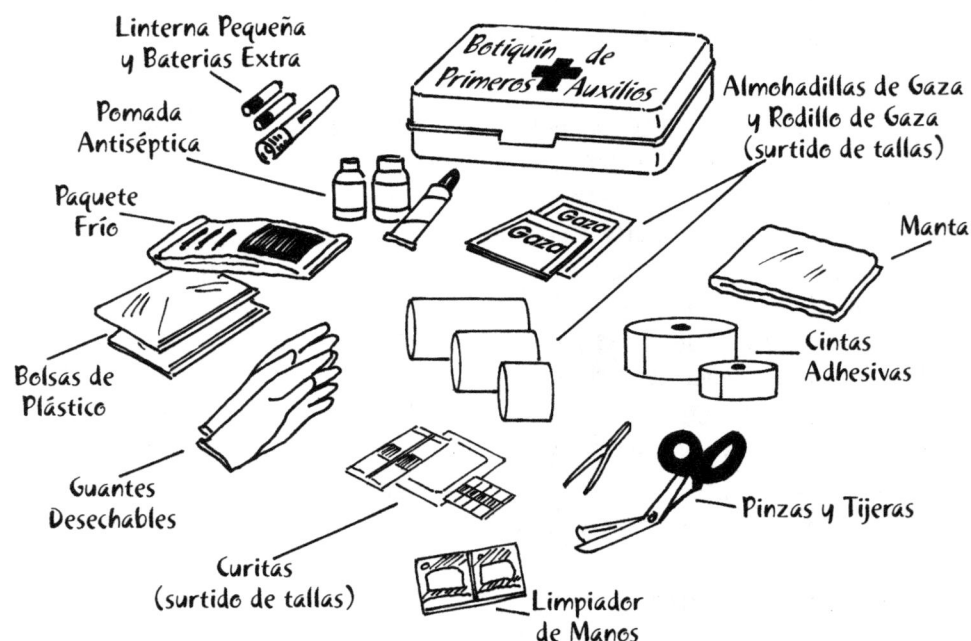

Linterna Pequeña y Baterias Extra
Pomada Antiséptica
Paquete Frío
Bolsas de Plástico
Guantes Desechables
Curitas (surtido de tallas)
Botiquín de Primeros Auxilios
Gaza
Limpiador de Manos
Almohadillas de Gaza y Rodillo de Gaza (surtido de tallas)
Manta
Cintas Adhesivas
Pinzas y Tijeras

Haciendo un Botiquín de Primeros Auxilios

Los botiquines de primeros auxilios son útiles para tener alrededor de la casa. Tienen todos los suministros necesarios para el tratamiento de las lesiones que pueden ocurrir.

1. Pinzas
2. Tijeras
3. Termómetro
4. Alfiler de gancho
5. Aspirina o analgésico
6. Pomada antiséptica
7. Vendajes adhesivos
8. Gasa grande
9. Cinta adhesiva
10. Guantes de plástico desechables
11. Loción de calamina
12. Aplacador de mordedura de insecto
13. Almohadilla caliente y fría
14. Vendaje elástico

Técnicas Comunes de Primeros Auxilios en Casa

Cortes/Arañazos/Contusiones

1. Limpia el área con agua y jabón.

2. Aplica un ungüento antiséptico y cubre con un vendaje de tamaño adecuado.

3. Si es necesario, usa una compresa fría para reducir la hinchazón.

4. Para los cortes más graves, aplica presión directa en el área herida. (Esto es a menudo necesario para lesiones de accidentes graves.)

Quemaduras

1. Enjuaga el área con agua fría o aplica una compresa fría a la piel.

2. Limpia el área quemada con una crema para quemadas o antiséptica.

3. Si ocurre ennegrecimiento o quemadura abrasadora de la piel, ver a un doctor inmediatamente.

5. Si la presión directa no detiene el sangrado, utiliza uno de los cuatro puntos de presión para ayudar a detener el flujo de sangre.

   NOTA: Nunca apliques un torniquete a menos que sea absolutamente necesario, y sólo un médico debe liberarlo.

Desmayo

1. Comprueba si la persona está respirando.

2. Coloca a la persona sobre su espalda, y eleva las piernas más altas que la cabeza para ayudar a la circulación sanguínea.

Shock

- Envuelve a la persona en una manta.
- Eleva sus pies.
- Mantén a la persona hablando.

3. Una vez que la persona se haya reavivado, que permanezca acostado o sentado durante unos minutos antes de intentar ponerse de pie.

4. Que la persona busque atención médica inmediata.

Hemorragias Nasales

1. Pincha todas las partes blandas de la nariz con el pulgar y el dedo índice.
2. Mantén la cabeza más alta que el nivel del corazón. Que la persona se siente o se acueste con la cabeza elevada.
3. Aprieta la nariz durante cinco minutos.
4. Después de que el sangrado se haya detenido, utiliza hielo en la nariz y las mejillas.

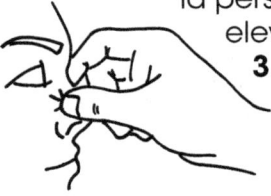

Esguince de Tobillo

Uso:
Descanso
Hielo
Compresión
Elevación

EMERGENCIAS GRAVES: Sesión 3

Huesos Rotos

1. Los signos de fracturas de huesos son la rigidez en una ubicación centralizada, hinchazón inmediata, y una sensación elástica en la zona de la rotura.

2. Si es posible no muevas a la víctima. No intentes ajustar el hueso o dar medicamentos.

3. Dale tratamiento para shock a la víctima mientras esperas la ayuda médica.

Asfixia

● Desde atrás, envuelve tus brazos alrededor de la víctima.

● Haz un puño con una mano y colócalo en su abdomen por encima de su ombligo y por debajo de su caja torácica. Agarra tu puño con la otra mano.

● Aprieta repetidamente hasta que se expulse el objeto.

Los Fundamentos de la RCP

Vías Respiratorias

- Coloca la víctima sobre su espalda en una superficie plana y dura.

- Grita, "¿Estás bien?"

- Si no recibes ninguna respuesta inclina su cabeza hacia atrás usando su barbilla. Esto ayudará a abrir sus vías respiratorias. Revisa el interior para cualquier obstrucción.

  Nota: Puede que tengas que llegar al interior de la boca para ver si existe alguna obstrucción. Alimentos, su lengua, o algún otro objeto puede estar bloqueando su respiración, y tendrá que ser eliminado antes de que el RCP sea efectivo.

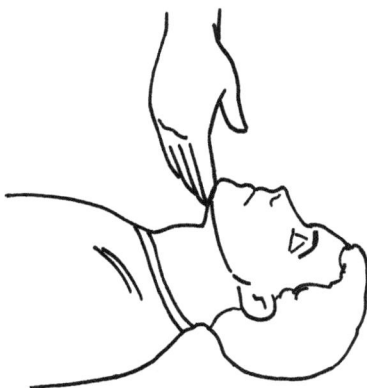

Respiración

- Coloca tu mejilla cerca de la boca y la nariz de la víctima. Mira hacia el pecho de la víctima. Mira, escucha y siente la respiración.

- Si la persona no está respirando, aprieta la nariz de la víctima y da dos respiraciones completas en la boca de la víctima.

- Si la respiración no va bien, vuelve a colocar la cabeza y vuelve a intentarlo. Si la respiración sigue bloqueada, realiza empuje abdominal para eliminar la obstrucción.

Circulación

- Usando tu dedo índice y el del medio, comprueba en el cuello de la persona el pulso. Mantén tus dedos allí durante 5-10 segundos.

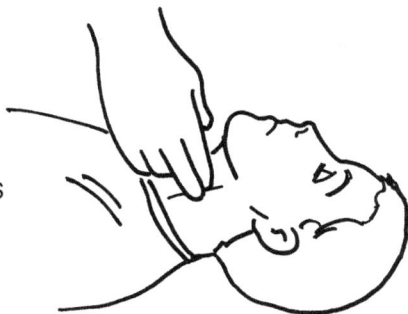

47

- Si hay un pulso, pero la víctima no está respirando, dale la respiración de rescate, 1 respiración cada 5 segundos o aproximadamente 12 respiraciones por minuto.
- Si no hay pulso, comienza las compresiones torácicas. Coloca el talón de una mano directamente sobre la parte superior de la primera mano, y aprieta el esternón de 1 a 2 pulgadas.
- Realiza 15 compresiones por cada 2 respiraciones.
- Comprueba el pulso cada minuto. Nota: Las compresiones de RCP son conocidas por romper el hueso esternón. Un esternón roto es a menudo necesario para restablecer la respiración.

¡ENVUÉLVELO!

1. ¿Cómo te sentiste después de tu proyecto de ministerio? _____
   _____
   _____
   _____

2. ¿Cómo puede Dios usar tu habilidad para tratar a las personas con los primeros auxilios en el futuro? _____
   _____
   _____
   _____

3. Sabemos que los primeros auxilios nos dan el conocimiento para ayudar a personas que estén heridas y necesitan nuestra ayuda. Sabemos que Dios quiere que nosotros demostremos nuestro amor por nuestro prójimo de manera práctica. ¿Cómo has demostrado el amor de Dios a los demás últimamente? _____
   _____
   _____
   _____

_____   _____
Fecha   Firma de Guía

INTERNET

VERSÍCULO BÍBLICO

Mental

"Instruye al sabio, y se hará más sabio; enseña al justo, y aumentará su saber." (Proverbios 9:9)

¿Conoces a alguien que lo sabe todo? Es por eso que hay muchas formas de buscar información. Una de esas formas es el internet. El internet, cuando se utiliza correctamente, puede ser una herramienta muy útil. Puede ser utilizado para tareas escolares, hablar con amigos y familiares, escuchar música, leer sobre otras tierras, aprender acerca de las cosas de más interés. Usar Internet puede ayudarte a aprender muchas cosas nuevas que no sabías antes.

Dios quiere que seamos sabios. Él quiere que seamos sensatos sobre las cosas en nuestro mundo, y Él quiere que tengamos conocimiento sobre él. Obtenemos nuestro conocimiento acerca de Dios al leer la Biblia, orar, ir a la iglesia y escuchar a otros hablar de él. Dios quiere que le conozcamos mejor. Al aprender más acerca de él, fortalecemos nuestra relación con él.

Puedes llegar a conocer mejor a Dios a través del Internet. Puedes leer la Biblia en línea. Ten un adulto que te ayude a encontrar un sitio web que puedas comprender. Trata <http://www.biblegateway.com>.

EDUCACIÓN

Qué Puedes Hacer Con Esta Habilidad

El Internet es una herramienta muy útil. Te puede ayudar en la escuela y en el hogar. También es un lugar muy peligroso si no tienes cuidado. A medida que afines tus conocimientos de Internet, serás capaz de utilizar el internet de manera más eficaz para ayudarte en lugar de hacerte daño.

Requisitos ✓ de Insignia

Elige cuatro de los cinco requisitos siguientes para realizar la insignia de Internet.

☐ Identifica dos tipos de conexiones a Internet.

☐ Aprende las reglas de seguridad para el uso de Internet.

☐ Crea una dirección de correo electrónico.

☐ Envía una tarjeta electrónica a un amigo o miembro de la familia.

☐ Encuentra una manera en la que puedas utilizar tus conocimientos de Internet para servir a otra persona.

#1 Seguridad

■ **Nunca** utilizar Internet sin el permiso de los padres.

■ **Nunca** dar a conocer tu nombre, dirección, número de teléfono, u otra información personal sin preguntarle a tus padres primero.

■ **Nunca** visitar las salas de chat o utilizar servicios de mensajería instantánea sin permiso de los padres.

■ **Nunca** pedir cualquier cosa del Internet sin la ayuda de un padre.

■ **Nunca** encontrarse con alguien que hayas conocido en línea sin el permiso de tus padres.

PALABRAS PARA SABER

Módem: Un dispositivo utilizado para acceder a Internet.

Banda Ancha: Una manera de conectarse a Internet a través de líneas telefónicas o de cable.

Acceso Telefónico: Una forma de conectarse a Internet mediante una línea telefónica.

Navegador: Un programa que te permite ver información en Internet.

Motor de Búsqueda: Un sitio web que está diseñado para ayudarte a encontrar información en Internet.

Preguntas Más Frecuentes (PMF): Una lista de preguntas que se hacen con más frecuencia. Estas preguntas están escritas y se colocan en el sitio web de los creadores de la página web.

EXPLOSIÓN AL CIBERESPACIO: Sesión 1

¡Prepárate para ampliar la autopista de la información! Si tienes un **acceso telefónico** a Internet, tendrás que iniciar la sesión. Si tienes una conexión de **banda ancha**, el ciberespacio ya está a tu alcance.

Abre tu **navegador** para comenzar a buscar. Si ya conoces la dirección, puedes escribir en la barra de direcciones en la parte superior de la pantalla. Después de presionar retorno, podrás navegar por el ciberespacio.

Puedes notar que hay diferentes extensiones en los extremos de cada dirección web. El que puedes notar más es **.com**. Un **.com** es un sitio web para una organización comercial. Si el sitio web pertenece a una organización, habrá un **.org** al final. Las escuelas utilizan una extensión de educación, **.edu**, en sus sitios web. Un **.net** pertenece a las redes.

Módem: Un dispositivo utilizado para acceder a Internet. Los Módems vienen en muchos tipos y velocidades diferentes.

Banda Ancha: Una manera de conectarse a Internet a través de líneas telefónicas (Línea Digital de Suscriptor) o de cable. Este servicio no bloquea el uso del teléfono o televisión por cable.

Acceso Telefónico: Una forma de conectarse a Internet mediante una línea telefónica. Las llamadas de teléfono por lo general no se pueden realizar ni recibir al acceder a Internet.

Navegador: Un programa que te permite ver información en Internet. Algunos ejemplos son Microsoft Explorer, Netscape y Mozilla.

Buscar y Encontrar

El Internet es un tesoro de información a tu alcance. Sin embargo, encontrar la información que necesitas es muy frustrante a veces. Puedes utilizar un **motor de búsqueda** para ayudarte a encontrar la información que necesitas.

A continuación se muestra una lista de los **motores de búsqueda** populares. Escribe la dirección de uno de ellos en la barra de direcciones. Cuando el motor de búsqueda aparece, escribe lo que deseas buscar. Si un término no funciona, trata de pensar en otra palabra que signifique lo mismo.

Motor de Búsqueda: Un sitio web que está diseñado para ayudarte a encontrar información en Internet. Un **motor de búsqueda** puede incluir también otras características que pueden ser útiles.

```
Google         <http://www.google.com/>
Yahoo          <http://www.yahoo.com>
AltaVista       <http://www.altavista.com>
Rastreador     <http://webcrawler.com>
Microsoft       <http://www.msn.com>
```

¿Cuál motor de búsqueda probaste?

Nombre: _____

Nombra tres búsquedas que tú completaste.

1. _____

2. _____

3. _____

Lista un sitio que puedas encontrar usando un motor de búsqueda.

Sitio Encontrado: _____

MANTENERSE CONECTADO: Sesión 2

El Internet ofrece muchas maneras de mantenerse en contacto con amigos y familiares. Tú puedes enviar mensajes de correo electrónico, visitar en las salas de chat y usar mensajería instantánea. Incluso puedes enviar imágenes, clips de audio y otros archivos. Utiliza la Internet para establecer hacerte un correo electrónico gratis. Elige uno de los sitios de la lista de abajo y sigue las instrucciones en pantalla.

PRECAUCIÓN: Asegúrate de tener permiso de los padres para hacer esto. Además, usar Internet solo para comunicarte con las personas que conoces. Nunca compartas información personal con un extraño.

```
Yahoo Mail    <http://mail.yahoo.com/>
Hotmail        <http://www.hotmail.com>
Juno          <http://www.juno.com>
Netscape      <http://www.netscape.com>
```

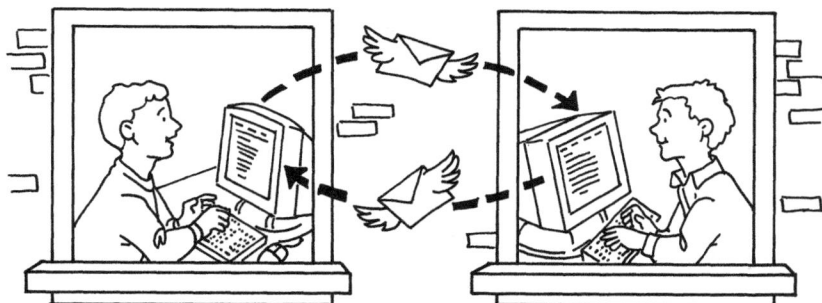

Pide a tus padres que firmen esta nota.

Mi hijo, _____, tiene permiso para establecer una dirección de correo electrónico con el fin de cumplir con un requisito para la insignia de Internet.

_____   _____
Fecha   Firma de Guía

¿Cuál es tu nueva dirección de E-mail? _____

Indica 3 personas a las que podrías enviar un correo electrónico.

1. _____

2. _____

3. _____

Utiliza tu nueva dirección de correo electrónico para hacer por lo menos dos de las siguientes tareas. Si no sabes cómo hacer una tarea en particular, busca las respuestas en la sección **ayuda** o en **PMF (Preguntas Más Frecuentes)**.

Preguntas Más Frecuentes (PMF): Estas preguntas son escritas por los creadores de la página web. Busca en la sección de **PMF** cuando tengas una pregunta. También puede ser respondida por ti. También puedes aprender mucho acerca de un sitio web al leer las **PMF.**

1. Escribe un poema en un programa de procesamiento de texto y envíalo a alguien que conozcas en un correo electrónico.

2. Utiliza un escáner para digitalizar una imagen de tí mismo en tu ordenador. Adjunta la imagen a un correo electrónico y envíalo a alguien que amas.

3. Escribe un correo electrónico a un amigo. Intenta darle formato el E-mail usando diferentes colores, estilos y tamaños de fuentes.

53

Lista los nombres de aquellos a los que has enviado mensajes de correo electrónico.

Nombre: _____

Nombre: _____

Nombre: _____

Nombre: _____

Nombre: _____

CIBER SALUDOS: Sesión 3
Enviando E-Cards

Muchas compañías ofrecen oportunidades para crear y enviar tarjetas electrónicas. Una tarjeta electrónica es como una tarjeta de felicitación que comprarías en la tienda, excepto que es enviada a través de correo electrónico. Hay muchas compañías que ofrecen tarjetas electrónicas, junto con otros productos y servicios. Algunas empresas se especializan en tarjetas electrónicas. La siguiente lista tiene nombres de algunos sitios que ofrecen tarjetas electrónicas. Puedes elegir uno de esos o escribir en su motor de búsqueda.

Hallmark   <http://www.hallmarkecards.com/ecards/collections/vida>

Dayspring   <https://www.bluemountain.com/es/tarjetas-de-cumpleanos>

Crosswalk.com <https://www.crosswalk.com/ecards/espanol/>

Empezando

Cuando hayas elegido un proveedor de tarjeta electrónica, sigue los pasos a continuación para enviar tu tarjeta electrónica.

Nota: Los pasos siguientes son sólo directrices generales. Cada sistema de tarjeta electrónica puede variar ligeramente.

1. Elige una categoría para tu tarjeta electrónica.

2. Piensa en a quien le vas a enviar la tarjeta electrónica. Necesitarás saber la dirección de correo electrónico de esa persona.

3. Elige una tarjeta electrónica. Es posible que desees ver varias antes de decidirte.

4. Si deseas utilizar la tarjeta electrónica actual, selecciona enviar esta tarjeta. Si no es así, selecciona otra tarjeta.

TENGA UN
DÍA SONRIENTE.

5. Elige un saludo y escribe el mensaje para tu tarjeta electrónica.

6. Anota el nombre y dirección de correo electrónico de tu amigo, así como el tuyo propio.

7. Decide sobre la música y colores que deseas en tu tarjeta electrónica.

8. Dale vista previa a tu tarjeta electrónica. Corrige cualquier cosa que no te guste.

9. Cuando hayas hecho tu tarjeta electrónica, aprieta el botón enviar.

¿Qué servicio de tarjeta electrónica usaste?

_____

¿A quién le enviaste tu tarjeta electrónica?

_____

¿Qué tipo de tarjeta electrónica enviaste?

_____

Otros a los que les puedo enviar tarjetas:

Nombre	Tipo de Tarjeta
1. _____	_____
2. _____	_____
3. _____	_____
4. _____	_____
5. _____	_____

Mirando hacia el Futuro

Haz una lista de dispositivos que hayas visto u oído que permiten que las personas utilicen el Internet fácilmente: _____

_____

_____

¡ENVUÉLVELO!

1. ¿Cómo te sentiste después de tu proyecto de ministerio? _____

    _____

    _____

    _____

2. ¿Cómo puede Dios utilizar sus conocimientos de Internet en el futuro?

    _____

    _____

    _____

3. Sabemos que podemos utilizar la Internet para aprender muchas cosas sobre nuestro mundo. Sabemos que podemos aprender muchas cosas acerca de Dios y la Biblia. ¿Qué has aprendido de Proverbios 9:9? _____

    _____

    _____

    _____

    _____

_____   _____
Fecha   Firma de Guía

PERIODISMO

VERSÍCULO BÍBLICO

"Les escribo estas cosas a ustedes que creen en el Hijo de Dios, para que sepan que tienen vida eterna." (1 Juan 5:13)

¿Alguna vez has tenido una historia importante para compartir con alguien, pero que no sabías cómo decirla? Juan, el autor de este versículo de la Biblia, tenía algo importante que decirle al mundo. Necesitaba decirle a la gente cómo pueden saber si son realmente hijos de Dios. La buena escritura y habilidades de narración pueden ayudarte a pasar el mismo mensaje a otros. ¡Así que pon al día tus habilidades y da la palabra de Jesús!

EDUCACIÓN

Qué Puedes Hacer Con Esta Habilidad

Las habilidades de periodismo se pueden utilizar en la vida real — en la iglesia, la escuela o cualquier lugar en el que necesites transmitir un mensaje a un grupo de personas. Puedes utilizar tus habilidades de periodismo para contarles a otros acerca de Jesús.

Requisitos ✓ de Insignia

Elige cuatro de los cinco requisitos para completar la insignia de Periodismo.

☐ Identificar los ocho tipos de artículos periodísticos principales.

☐ Escribir un artículo de prensa.

☐ Crear un "programa de televisión de noticias" en vídeo.

☐ Llevar a cabo una entrevista para el vídeo o para un artículo escrito.

☐ Encontrar una manera en la que puedas utilizar tus nuevas habilidades de periodismo para servir a alguien más.

#1 seguridad ■ **Siempre** utiliza el "sistema de amigos" cuando entrevistes a personas con las que no estás familiarizado.

¿Qué es el periodismo?

El periodismo es decir a la gente los hechos. Los periodistas escriben informes de acontecimientos recientes de los que la gente quiere o necesita saber. Un buen periodista dice que exactamente lo que pasó, en lugar de lo que él o ella piensa sobre el evento. Los lectores pueden decidir cómo se sienten después de leer la historia. Las Noticias responden a seis preguntas básicas:

- ¿Quién?
- ¿Qué?
- ¿Cuándo?
- ¿Dónde?
- ¿Por qué?
- "¿Cómo sucedió?" o "¿Por qué es importante esto?"

¿Es Realmente Noticia?

No todas las historias necesitan ser impresas. Si puedes contestar "sí" a la mayoría de estas preguntas, entonces tu historia es, probablemente, noticia y puede ser digna de impresión.

- ¿Las personas desean o necesitan saber acerca de esto?
- ¿Es útil para tu público la información?
- ¿La historia hará reír, llorar, o brindará algo de ayuda?
- ¿Es el sujeto, o la persona involucrada en la historia, bien conocida por su público?
- ¿El acontecimiento importante en la historia sucede en tu área?
- ¿Si el objeto o evento en la historia está muy lejos, es también muy extraño o sorprendente? ¿La historia afecta a muchas personas?

ADVERTENCIA: El chisme no es buen periodismo. No empieces rumores o a dar información secreta embarazosa sobre otros en una noticia. Antes de dar información acerca de alguien, hazte estas dos preguntas:

- ¿La gente necesita saber esta información?
- ¿Estoy haciendo daño a alguien por compartir esta información?

Mental

PALABRAS PARA SABER

Usa las pistas para imprimir las palabras del vocabulario en este crucigrama. Utiliza la información de este capítulo para ayudarte.

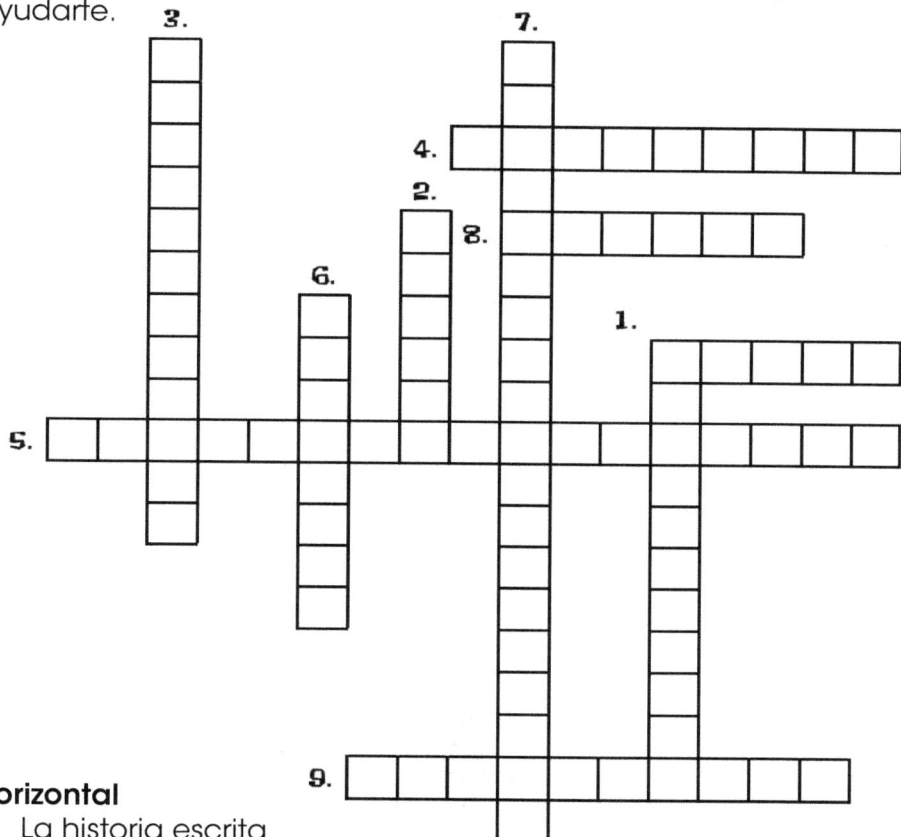

Horizontal

1. La historia escrita
4. La primera frase de un artículo de noticias
5. Una forma de escritura que comienza con información general y da detalles narrativos más cerca del final de la historia
8. Realizar cambios en una historia con el fin de mejorarlo
9. El título de un artículo de noticias

Vertical

1. El número de letras, números y signos de puntuación que aparecen en cada línea de copia
2. El nombre de la persona que escribió el artículo
3. El subtítulo debajo de una fotografía
6. Un informe acerca de un evento reciente que la gente quiere o necesita saber
7. Copia de lectura y errores de marcado

59

¡ESO ES NUEVO PARA MÍ! Sesión 1

Estos son los principales tipos de noticias:

- Artículo: Estas son historias destinadas a captar el interés del lector. Tienen que ver con personas, lugares o cosas especiales.

- Editoriales: Estas son historias en las que el editor da su opinión sobre un tema. Estos son los únicos artículos que deben contener opiniones del escritor.

- Deportes: Estas historias son sobre lo profesional, escuela y deporte de aficionados. Esta sección contiene resultados de los juegos y artículos de fondo sobre los atletas y entrenadores.

- Breves: Son muy cortas (dos o tres frases). Dan información acerca de cosas tales como eventos de la comunidad. Los lectores utilizan esta sección para hacer planes para ver un concierto, tomar una clase, etc.

- Televisión / Entretenimiento: Estas historias son sobre los actores, programas de televisión, películas y obras de teatro. En esta sección también se enumeran los programas que saldrán en la televisión esa semana.

- Negocios: Estas historias hablan de negocios en tu área y en todo el país y dan información financiera.

- Obituarios: cuentan con una breve información sobre las personas que han muerto. Danun poco de información acerca de la vida de cada persona e información acerca de cuándo serán los servicios funerarios.

- Casa / Familia / Estilos de Vida: Estas historias hablan de "cosas divertidas". Puedes aprender acerca de las tendencias, estilo, cocina, comida y decoración en esta sección.

- Publicidad: Hay dos tipos de publicidad. Las empresas anuncian sus productos en el periódico. Las personas también pueden comprar anuncios clasificados, que hablan de las ventas de garaje, trabajos y artículos que necesitan vender.

¿Cuál es la diferencia?

Hay algunas diferencias entre las noticias impresas y las noticias informadas verbalmente.

Noticias Impresas

1. Los hechos importantes se colocan al principio de la frase. Ejemplo: "El gobernador Thompson viajó a Chicago hoy para hablar con las empresas sobre las prácticas laborales justas."

2. Utiliza frases cortas y párrafos. (las revistas pueden utilizar oraciones largas y párrafos más largos que los periódicos.)
3. Las historias que aparecen en Internet deben ser breves y obtener la información muy rápidamente.

Noticias Verbalmente Informadas

1. Los datos importantes por lo general son al final de la frase. Esto se debe a que por lo general toma un poco de tiempo para el oído comenzar a escuchar. Ejemplo: "Las leyes justas de trabajo eran el tema de conversación el martes, cuando el gobernador Thompson viajó a Chicago para hablar de negocios."
2. Utiliza frases cortas.
3. Utiliza una pausa para permitir que el oído del oyente descanse.

Lee el periódico

Abre una copia de tu periódico local, una revista, un periódico o Internet, y encuentra uno de cada uno de los tipos de artículos de prensa. Lee los artículos y subraya las frases que respondan a las preguntas a quién, qué, cuándo, dónde y por qué.

REALiZANDO ENTREViSTAS: Sesión 2

Entrevistar a una persona para un artículo de noticias no tiene que ser difícil. Todo lo que tienes que hacer es planificar. Aquí está cómo prepararte para una entrevista.

1. Conoce un poco acerca de la persona que estás entrevistando. ¿Ha aparecido esta persona en artículos de prensa antes? Lee sobre lo que hace esa persona. Si la persona es alguien que conoces, puedes omitir este paso.

2. Obtén información acerca de un tema antes de entrevistar a alguien acerca de ello. Por ejemplo, si estás entrevistando a un jugador de fútbol, realiza búsquedas sobre fútbol. De esta manera, puedes pasar tiempo haciendo a la persona otras preguntas importantes en lugar de preguntar cómo jugar al fútbol.

3. Decide qué preguntas le harás por adelantado. Escríbelas para que puedas recordarlas.

4. Consejo: No hacer preguntas que puedan responderse con un "sí" o "no".

Obtenerlo Todo

Estos son algunos consejos para escribir una buena historia.

1. Incluye información que responda a cada una de las seis preguntas (quién, qué, cuándo, dónde, por qué y cómo) en el encabezado, o en la primera frase de la historia. Muchos lectores sólo leen los primeros párrafos de una historia. Ejemplo: "Incendios forestales destruyen miles de casas en California, gracias a un incendiario y un excursionista que disparó una pistola de bengalas."

   Quién: Los incendios forestales

   Qué: destruyó miles de casas

2. Utiliza el estilo de pirámide invertida de la escritura. Esto significa dar la información más importante primero, y la información menos importante después. En este estilo, los lectores tienen todo lo que necesitan saber de inmediato, en caso de que no lean toda la historia.

3. Continúa con detalles en el resto de la historia. ¡Recuerda poner los detalles más importantes cerca del comienzo!

En esta sesión, entrevista a alguien en tu grupo. Haz preguntas que ayuden a los lectores a conocer a esta persona. Luego, escribe un artículo o presenta la información en vídeo para el resto del grupo.

DAR LA NOTICIA: Sesión 3

Listo?

Tu copia, o historia escrita, se verá diferente si es para un periódico que si es para un programa de noticias de televisión. Para los periódicos o revistas, tu copia debe ser doble espacio. Un editor te dirá de cuánto tiempo debe ser la historia. Lee y edita tu copia para asegurarte de que no hay errores.

Para la televisión, la copia debe estar en letras mayúsculas, con cerca de 35 caracteres (letras, espacios y signos de puntuación) por línea. Esto hace que la copia sea fácil de ver. La copia debe ir por el lado derecho de la página. Luego, escribe instrucciones y la hora a la izquierda. Esto ayuda a la persona que lee las noticias en la televisión a saber qué decir y cuándo decirlo. Véase el siguiente ejemplo.

video (en pantalla)
tiro medio / chicos
6 segundos

UNA TRAGEDIA CERCANA
SE EVITÓ EL SÁBADO POR
LA NOCHE, CUANDO UN
NIÑO DE 12 AÑOS SACÓ
A SU HERMANO. JACOB
BROWN Y SU HERMANO
JUAN, PESCABAN EN

Close up (cerca) / lago /
bote
10 segundos

EL LAGO WASHINGTON
CUANDO SU BARCO
PESQUERO SE VOLCÓ.
JACOB, QUIEN ACABABA
DE COMPLETAR LA
MEDALLA DE NADADOR
DEL PROGRAMA DE
CARAVANA . . .

Mirar

Tu editor te puede pedir hacer algunas correcciones en tu historia antes de su impresión. Estas son algunas de las marcas de corrección de pruebas, o símbolos para ayudarle a saber cómo corregir tu copia.

Problema	Marca	Significado
caravana	≡	Capitalizar la letra subrayada.
en ^el^ párrafo	∧	Insertar la palabra.
Ǿhico	/	Letra minúscula marcada.
Av‿enturero	‿	No espacio entre las letras.
Gruǵpo	℘	Eliminar (quitar) letra, palabra, frase o párrafo que está marcado.
los#árboles	#	Añadir un espacio.
...barco.¶El remar	¶	Comenzar un nuevo párrafo.
reporterǝ	∽	Cambiar el orden de las letras.
STET reunir datos.	STET	Mantén las palabras como fueron escritas originalmente.

¡ENVUÉLVELO!

1. ¿Cómo te sentiste después de tu proyecto de ministerio? _____

_____

_____

_____

2. ¿Cómo puede Dios utilizar tus habilidades de periodismo para contarles a otros acerca de Jesús? _____

_____

_____

_____

_____

_____

3. ¿Cuál es tu periódico, revista, sitio web de noticias, o programa de noticias de la televisión favorito? _____

_____

_____

_____

_____

4. ¿Cuál fue el mensaje de Juan en 1 Juan 5:13? _____

_____

_____

_____

_____

_____   _____
Fecha   Firma de Guía

ATLETISMO

"Porque el ejercicio corporal para poco es provechoso, pero la piedad es útil para todo, ya que incluye una promesa de esta vida presente, y la vida venidera." (1 Timoteo 4:8, RVA)

Muchas personas pasan horas y horas en el gimnasio ejercitándose y haciendo músculo. En su intento de crear un cuerpo perfecto. Por desgracia, la edad y, finalmente, la muerte destruyen todo su trabajo duro. Sin embargo, el ejercicio es útil. Nuestra salud a largo plazo depende de nuestra condición física. El ejercicio puede hacer mucho.

Entrenar nuestro estado espiritual tiene un significado eterno. En su carta a Timoteo, Pablo explica que el ejercicio físico tiene su valor, pero la piedad tiene beneficios para esta vida y para la eternidad. A lo largo de tu vida, aprende a concentrarte en las actividades de importancia eterna en lugar de las que sólo tienen resultados temporales.

TRABAJO

Qué Puedes Hacer Con Esta Habilidad

Aprender un nuevo deporte fomenta la salud de por vida. Hacer ejercicio en una cinta puede ser aburrido, pero aprender un nuevo deporte nos da una nueva habilidad y una actividad divertida para mantenernos saludables.

Requisitos ✓ de Insignia

Elige cuatro de los cinco requisitos siguientes para realizar la insignia de Atletismo.

☐ Identificar los elementos necesarios de entrenamiento para la competición atlética.

☐ Describir cómo jugar tres deportes atléticos.

☐ Jugar tres deportes atléticos.

☐ Asistir a una competición atlética (ya sea amateur o profesional).

☐ Encontrar una manera en la que puedas utilizar tus nuevas habilidades de atletismo para servir a otra persona.

Tipo de Deportes

Deportes de Pelota

Béisbol
Baloncesto
Bolos
Cricket
Juego de Croquet
Hockey sobre Hierba
Fútbol Americano
Golf
Lacrosse
Rugby
Fútbol
Softbol
Squash
Mesa de Tenis
Tenis
Voleibol

Deportes de Hielo y Nieve

Hockey sobre Hielo
Patinaje sobre Hielo
Esquí
Snowboarding
Trineo

Deportes Acuáticos

Navegación en Barco
Piragüismo
Buceo
Pescar
Ramo
Navegación
Submarinismo
Surf
Natación
Wake Board
Esquí Acuático

Otros Deportes

Acrobacia
Tiro al Arco
Bádminton
BMX
Boxeo
Esgrima
Excursionismo
Caza
Patinaje en Línea
Artes Marciales
Motocross
Escalada de Roca
Patinaje sobre Ruedas
Montar en Bicicleta
Corriendo
Juego de Tejo
Patineta
Pista y Campo
Triatlón
Lucha
Levantamiento de Pesas

PALABRAS PARA SABER

Cesta: La parte de un guante de béisbol o un guante de softbol que atrapa y retiene la pelota.

Lanzamiento Rápido: En el softbol, el balón es lanzado rápido y solapado.

Campo: El área oficial donde se lleva a cabo la competencia atlética.

Delantero: En el fútbol, uno de los tres jugadores de adelante. Su propósito es marcar un gol.

Portero: En el fútbol, la persona que se encuentra en la meta e intenta mantener al oponente sin anotar puntuación. Esta es la única persona en el fútbol que se le permite el uso de sus manos.

Lanzamiento Lento: En softbol, la pelota es lanzada lenta y solapada. Debehacer un arco en el camino hacia el bateador.

Colocar: En el voleibol, golpear la bola a una posición estratégica para que un compañero de equipo pueda clavar el balón en el oponente.

Rematar: En el voleibol, golpear la pelota hacia abajo con mucha fuerza.

LLÉVAME AL JUEGO DE PELOTA: Sesión 1

Las competiciones deportivas son una parte vital de nuestra cultura. Desde los deportes profesionales hasta la competición atlética de la escuela secundaria, nos gustan los deportes. Por lo general, estamos mejor viendo los deportes que jugándolos, pero todos podemos participar. El propósito de la competición atlética, a pesar de las ideas populares, ¡es divertirse!

Formación y Práctica

Dar lo mejor durante la competición atlética requiere preparación. Aquí hay algunas pautas para la formación y la práctica de forma adecuada.

1. La práctica perfecta hace la perfección. Si practicas los movimientos y las técnicas de tu deporte mal vas a tener mal desempeño durante el juego.

2. Descansar un montón. Esto es esencial para que tu cuerpo se cure adecuadamente. Cuanto más entrenas, más tu cuerpo necesita descanso para recuperarse totalmente.

3. Haz mucho ejercicio. Sigue un buen acondicionamiento físico general del programa. Incluye fuerza y actividad aeróbica.

4. Aprende las reglas del juego. Los juegos son sólo divertido si jugamos dentro de las reglas.

Softbol

El campo de softbol se llama diamante debido a su forma. Consulta la ilustración de la página siguiente.

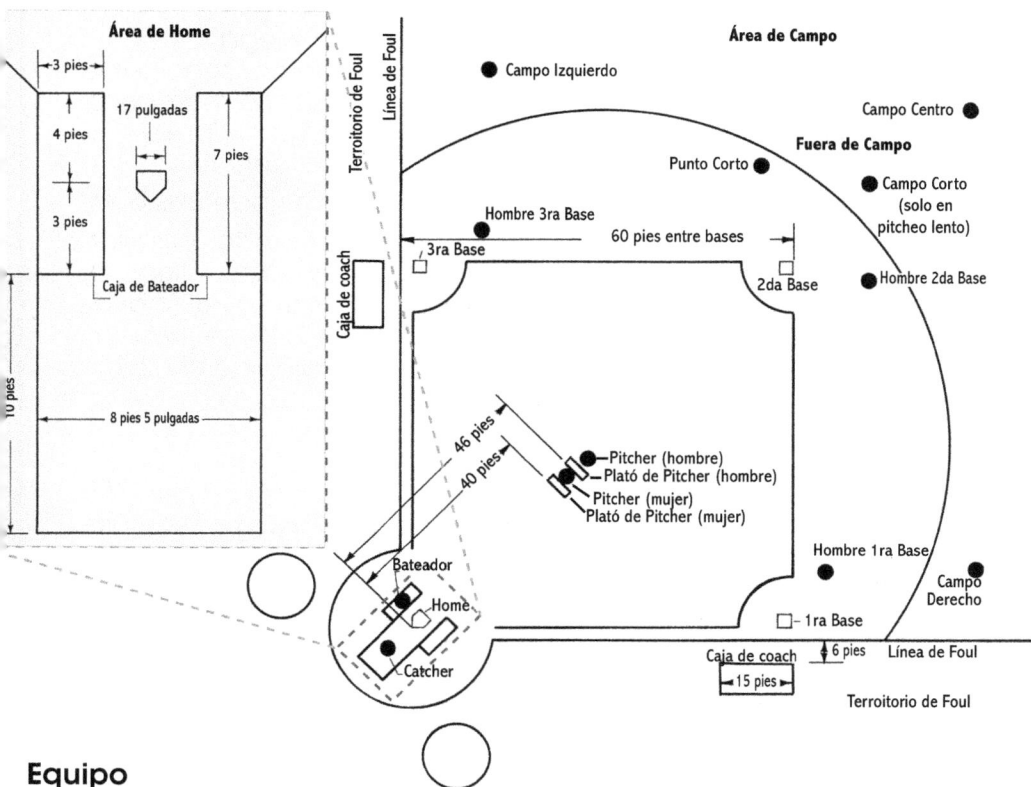

Área de Home

3 pies · 17 pulgadas · 4 pies · 7 pies · 3 pies · Caja de Bateador · 8 pies 5 pulgadas · 10 pies

Línea de Foul · Terroitorio de Foul · Caja de coach

Área de Campo

Campo Izquierdo · Campo Centro · Punto Corto · **Fuera de Campo** · Campo Corto (solo en pitcheo lento) · Hombre 3ra Base · 3ra Base · 60 pies entre bases · 2da Base · Hombre 2da Base · 46 pies · 40 pies · Pitcher (hombre) · Plató de Pitcher (hombre) · Pitcher (mujer) · Plató de Pitcher (mujer) · Hombre 1ra Base · Campo Derecho · Bateador · Home · 1ra Base · Catcher · Caja de coach · 6 pies · Línea de Foul · 15 pies · Territorio de Foul

Equipo

- Bola. Un softbol puede medir 12, 14 o 16 pulgadas. Está lleno de corcho y caucho, y se cubre con cuero de vaca o de caballo.
- Bates. Los bates pueden ser de madera o de metal. La longitud es de 38 pulgadas o menos. El ancho es de 21/4 o menos.
- Guantes. Todos los jugadores usan guante. El guante puede ser de cuero o vinilo con diversas cantidades de relleno. La cesta de un guante de softbol debe ser de 11 a 14 pulgadas.

Jugando el Juego

1. Hay dos equipos integrados por 10 jugadores cada uno para el lanzamiento lento de softbol, y 9 jugadores de lanzamiento rápido. En el lanzamiento lento, los bateadores no pueden tocar la pelota, y los jugadores no pueden robar bases. En el lanzamiento rápido, los bateadores pueden tocar la pelota, y los jugadores pueden robar bases después de que el balón haya salido de la mano del lanzador.

2. Un juego consta de siete innings.

3. Un inning es el tiempo que toma para que ambos equipos tengan un turno al bate. Durante la primera mitad del inning,

69

un equipo batea, mientras que el otro equipo juega las posiciones de campo. Los jugadores tratan de conseguir que el otro equipo se ponche, capturar una bola de fly, o marcarlos. El equipo al bate intenta anotar moviendo sus jugadores alrededor de las bases y de vuelta a home sin tener out.

4. Cada equipo permanece al bate hasta que reciban tres outs.

5. El equipo recibe un punto, llamado carrera, cuando un jugador avanza con seguridad alrededor de todas las bases y llega a home. El equipo con la mayor cantidad de carreras al final de siete innings es el ganador. En el caso de empate, se juegan innings adicionales hasta que un inning termine con un solo equipo adelantado en puntos.

GOOOL! Sesión 2

El campo de fútbol es un campo rectangular dividido por la mitad por la línea del jardín central. La ilustración siguiente incluye varias posiciones de los jugadores. Esto se conoce como un 5-3-2, porque hay 5 hacia delante, 3 centrocampistas y 2 defensores con un portero.

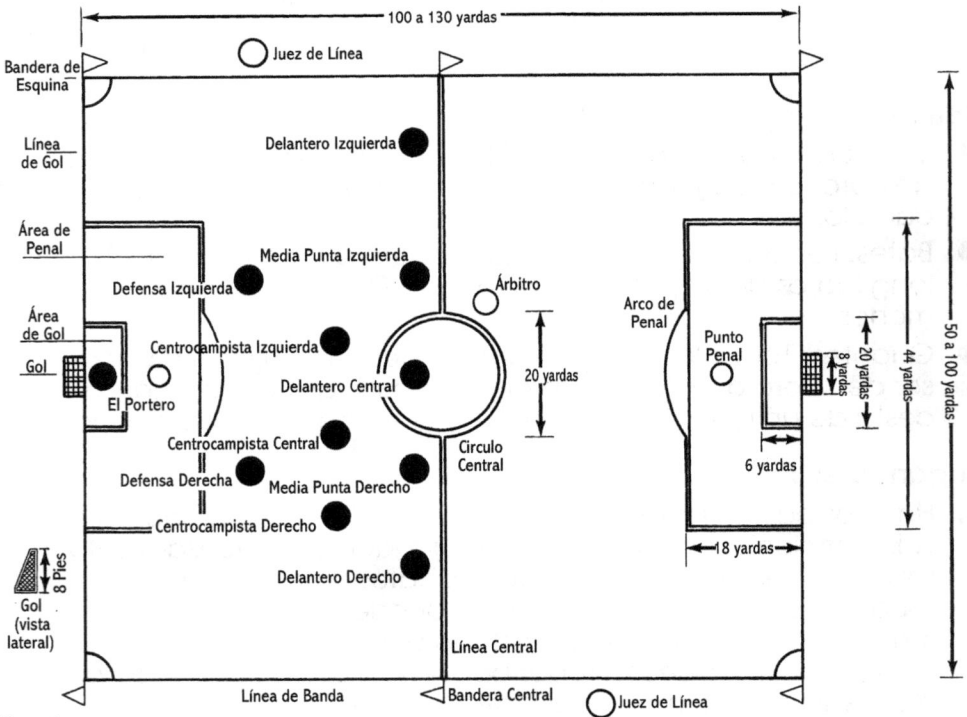

Equipo

● Pelota. Un balón de fútbol se infla con aire y está hecho de pentágonos de cuero sintético o reales cosidos. Los niños utilizan una bola que mide 25 pulgadas mientras que los adultos utilizan una bola que mide entre 27 y 28.

- Meta y Red. Una meta está colocada en cada extremo del campo. Las metas miden desde 4,4 x 9 hasta 8 x 24 pulgadas.

- Espinilleras. Todos los jugadores necesitan espinilleras para proteger sus espinillas (partes delanteras de la pierna, desde la rodilla hasta el tobillo) de ser pateado por otros jugadores.

Jugando el Juego

1. Hay dos equipos, compuesto de 11 jugadores cada uno.

2. Un juego consta de dos tiempos de 45 minutos de juego, llamados mitades.

3. Cada mitad comienza con un saque inicial en el círculo central del campo. Un equipo inicia la primera mitad, y el otro equipo inicia la segunda mitad.

4. El pateador intenta patear la pelota a un miembro de su propio equipo. Los miembros del equipo tratan de patear la pelota más allá del portero y en la meta, anotando un punto. Los jugadores están autorizados a usar cualquier parte de su cuerpo para mover el balón a excepción de sus brazos y manos.

5. Si el balón sale fuera de límites, el árbitro reanudará el juego con un saque de esquina, un saque de meta o un saque de banda en función de donde la pelota salió del campo de juego.

6. El equipo con más puntos al final del juego es el ganador.

¡GOLPEA, COLOCA, Y REMATA! Sesión 3

El juego de voleibol es un deporte versátil que se puede jugar en cualquier pista, dura o de arena. Consulta la siguiente ilustración para el tamaño reglamentario y las posiciones de los jugadores.

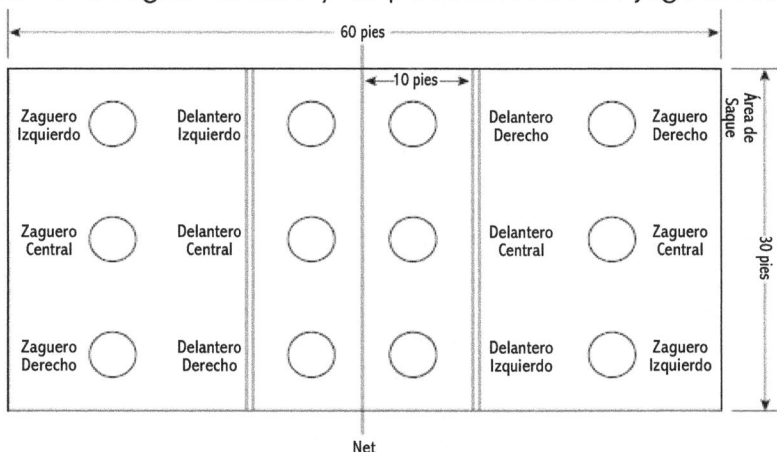

Equipo

- Pelota. El voleibol es un balón inflado, y puede estar hecho de cuero, plástico, o de vinilo. El cuero y vinilo son los materiales más comunes, y trabajan mejor.

- Net. La net de voleibol es una red elevada de ocho pies de altura para la competencia de hombres y siete pies de altura para la competencia de mujeres.

- Almohadillas. Cuando se juega sobre un campo duro los jugadores deben usar rodilleras y coderas para protegerlos de las quemaduras de piso. Cuando se juega en la arena, los jugadores deben quitarse los zapatos para ayudar a su movilidad.

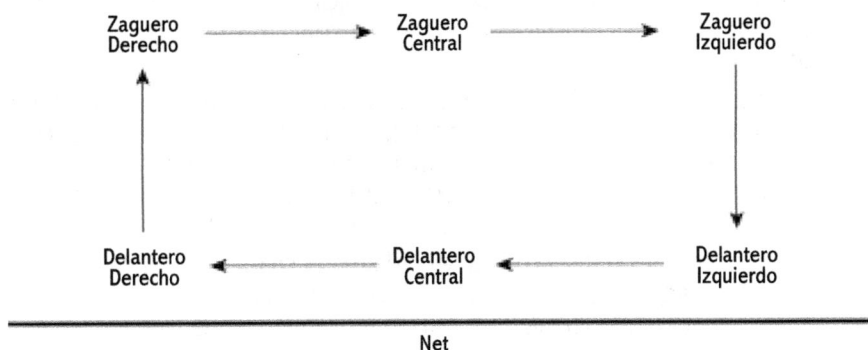

```
Zaguero          ────────▶  Zaguero          ────────▶  Zaguero
Derecho                     Central                      Izquierdo
   ▲                                                        │
   │                                                        │
   │                                                        ▼
Delantero        ◀────────  Delantero        ◀────────  Delantero
Derecho                     Central                      Izquierdo
```

Net

Jugando el juego

1. Hay dos equipos formados por seis jugadores cada uno con tres jugadores en la primera fila y tres jugadores en la última fila. Un equipo está en cada lado de la red.

2. El juego dura hasta que un equipo anote 15 puntos. El equipo debe ganar por dos puntos. Por ejemplo, si la puntuación es de 14 a 15, el juego continúa hasta que un equipo tenga una ventaja de 2 puntos.

   NOTA: El voleibol es un juego progresivo. Diferentes ligas siguen diferentes normas relativas a la puntuación y violaciones. La puntuación Rally se ha implementado en muchas ligas. Consulte el sitio web de voleibol de EE.UU. o en el sitio web de AVP para actualizaciones de reglas.

3. El jugador en la posición de lateral derecha sirve la bola. Los jugadores golpean la pelota hacia atrás y adelante a través de la red con sus manos y brazos. El balón no puede ser agarrado o lanzado, y se debe mantener sin golpear el suelo.

4. Sólo el equipo de servicio puede ganar puntos. Si el equipo que recibe hace caer el balón, golpea la bola fuera de límites, o tarda más de tres toques, el equipo que sirve recibe un punto.

72

5. El equipo que está sirviendo continúa sirviendo y ganando puntos hasta que cae la pelota, golpea la bola fuera de límites, o da más de tres hits. El otro equipo entonces sirve la bola.

6. Los jugadores se rotan antes del turno de cada equipo descansan moviéndose a la izquierda en un patrón de las agujas del reloj.

¡ENVUÉLVELO!

1. ¿Cómo te sentiste después de tu proyecto de ministerio?_____
   _____
   _____
   _____

2. ¿Cómo puede Dios utilizar tus habilidades atléticas en el futuro? _____
   _____
   _____
   _____
   _____
   _____

3. Sabemos que una condición física saludable es buena, pero la formación de la piedad es útil eternamente. ¿Cuáles son algunas formas en las que has estado entrenando para el crecimiento espiritual en tu vida? _____
   _____
   _____
   _____
   _____
   _____
   _____

_____   _____
       Fecha   Firma de Guía

ACAMPAR

"Moisés les ordenó a los israelitas que partieran del Mar Rojo y se internaran en el desierto de Sur.. . .Después los israelitas llegaron a Elim, donde había doce manantiales y setenta palmeras, y acamparon allí, cerca del agua." (Éxodo 15:22a y 27)

Nada te pone más en contacto con la naturaleza que acampar. El sonido de los animales susurrando en el bosque, dormir bajo las estrellas, y cocinar sobre un fuego abierto se añade a nuestra experiencia de las grandes puertas exteriores. Es una sensación impresionante tumbarse en el suelo, mirar las estrellas, y darse cuenta de que Dios lo creó todo. ¡Dios lo creó todo! Los pájaros, los árboles, las estrellas, los lagos y los ríos, toda la creación apunta a Dios. Cuando miramos la maravilla y majestuosidad de la creación de Dios, aprendemos más acerca de él.

EDUCACIÓN

Qué Puedes Hacer Con Esta Habilidad

El acampar es una gran oportunidad para salir de casa, alejarse de la tecnología y la televisión, y disfrutar de la naturaleza. Trabajar con las manos y la creación de un camping te da tiempo para estar con tus amigos y familiares.

Requisitos ✓ de Insignia

Elige cuatro de los cinco requisitos siguientes para realizar la insignia Acampar.

☐ Ir de camping. Planificar adecuadamente el viaje y establecer un campamento. Una tienda de campaña, asegurar una pila de fuego, y establecer una zona de cocina.

☐ Empacar una mochila correctamente con el equipo de camping necesario.

☐ Construir una fogata. Con los procedimientos de seguridad adecuados.

☐ Discutir qué hacer si te pierdes.

☐ Encontrar una manera en la que puedes utilizar tus habilidades de acampar para servir a otra persona.

Tipos de Tiendas de Campaña

Hay tres tipos principales de tiendas de campaña.

RECTANGULARES

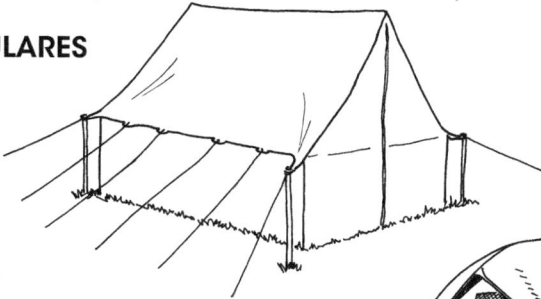

DE DOS AGUAS O CANADIENSE

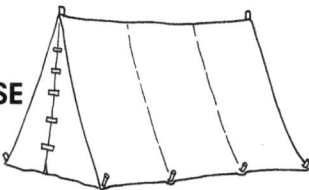

HEXAGONALES O DE IGLÚ

F
í
s
i
c
a

PALABRAS PARA SABER

Tienda de Campaña: Un refugio temporal de tela estirada y sostenida por postes se utiliza para acampar al aire libre.

Pila de Fuego: Una zona utilizada para contener un fuego con un anillo de piedra o metal alrededor del borde.

Leña: Las pequeñas ramas y corteza que se utilizan para ayudar a iniciar una fogata.

SPG: Sistema de Posicionamiento Global. Un dispositivo de ordenador que te ayuda a encontrar tu ubicación mediante un localizador por satélite.

Plan de Campamento: Ser capaz de responder a las cuestiones "quién, qué, cuándo, dónde y cuánto" relativas a un futuro viaje de camping.

¡VAMOS A ACAMPAR! Sesión 1

El primer paso para acampar es la planificación. Mientras mejor planifiques y te prepares, más divertida será tu salida a acampar. Quieres asegurarte de que tienes todo el equipo necesario, permisos apropiados para acampar, y el conocimiento de quién va, la cantidad de comida que necesitas, y cuánto costará. Al planificar tu acampada, haz estas simples preguntas: ¿Quién? ¿Qué? ¿Cuándo? ¿Dónde? ¿Y cuánto?

Montar el Campamento

Seleccionar un lugar de acampada es una parte importante de una buena experiencia de campamento. Busca lo siguiente:

1. Un claro del bosque
2. La planta más alta disponible (evitar barrancos o zonas bajas)
3. Suelo liso, bastante libre de rocas
4. Un lugar soleado
5. Un lugar para armar la carpa y construir un fuego lejos de los árboles
6. Un lugar cerca de un suministro de agua fresca
7. Un lugar con una bonita vista

Dame Refugio

Tu tienda de campaña proporcionará el refugio necesario de la lluvia y protección contra algunos bichos que puedas encontrar en tu viaje. Asegúrate de configurarlo antes de partir en tu viaje. Esto asegurará que no haya rasgones o cierres defectuosos. También puedes asegurarte de que sabes cómo configurarlo cuando llegues.

Cuando llegues a tu acampada, localiza una zona alejada de un árbol solitario o un árbol con las ramas muertas. Limpia el terreno de palos y piedras que puedan perforar la parte inferior de la tienda de campaña y hacer que el sueño sea incómodo.

76

¡Lo Que Necesitas!

Un ejemplo común de la mala planificación es simplemente olvidar equipos necesarios. Es una experiencia horrible llegar a tu camping, y darte cuenta de que has olvidado tu tienda de campaña. Incluso algo tan simple como una estaca de la tienda puede arruinar tu viaje de camping.

Ropa

____ un cambio para cada día (externo y ropa interior)

____ zapatos de senderismo

____ suéter o chaqueta

____ impermeable y equipo

____ pijama

____ calcetines extra

____ sombrero, gorra, o visera

____ gafas de sol

Cosas Para Llevar Para un Acceso Fácil

____ cuchillo de bolsillo

____ fósforos en un recipiente impermeable

____ papel higiénico en la bolsa de plástico

____ pañuelo

____ billetera con la identificación

____ curitas

____ pequeño bloc de papel y lápiz o bolígrafo

____ pequeño kit de costura

____ silbato

____ pequeño espejo

Comidas

____ cuchillo afilado

____ tenedor y cuchara

____ plato, taza y tazón

____ estufa para cocinar o rejilla de fuego

____ ollas de cocina

____ toallas de papel

____ bolsas de basura

____ papel de aluminio

____ alimentos (comidas y aperitivos)

____ jabón líquido

____ estropajo

____ Paño de cocina

Lecho

____ bolsa de dormir

____ cubierta de tierra impermeable

____ colchón de aire o colchoneta

Cuidado Personal

____ toalla

____ toalla de baño y cara

____ cepillo de dientes

____ pasta dental

____ jabón

____ papel higiénico

____ peine

Artículos Diversos

____ linterna y baterías

____ reloj

____ botiquín de primeros auxilios con el kit de mordedura de serpiente

____ cantimplora o botella de agua

____ soga o cuerda

____ protector solar

____ repelente de insectos

____ Biblia

____ hacha

____ cubos

____ farol

77

Al empacar tu mochila para un viaje de campamento, siempre pon los artículos más pesados alto y cerca de tu cuerpo.

HÁGASE EL FUEGO: Sesión 2
Seguridad Contra Incendios

1. Nunca encender una fogata hasta que hayas preparado el lugar del incendio y tengas un cubo de agua y / o un cubo de basura cercano.

2. Nunca encender un fuego a menos que tengas permiso de un adulto. Si te pierdes y necesitas una fogata, asegúrate de seguir los procedimientos para la preparación de una fogata.

3. Nunca jugar con fuego. Una chispa puede destruir todo un bosque, así como los animales y las personas en él.

4. Ten cuidado cuando estés cerca de un fuego para no quemarte o causar que alguien se queme.

Construyendo Fuego

1. Recoger leña que haya sido sazonada. Esto significa que tu madera debe estar seca, sin savia. El mejor lugar para recoger leña es de la tierra o ramas muertas de los árboles.

2. Se necesitan yesca, leña y combustible. La yesca es la corteza pequeña y delgada que fácilmente se inflama. La leña es un poco más grande y se compone de ramas sobre el grosor de un dedo o menor. El combustible se usa una vez que el fuego se va y son las piezas más grandes que consisten en ramas y troncos más gruesos.

3. Hacer posible que el oxígeno llegue al fuego. El fuego necesita oxígeno para quemarse. Si el viento sopla, enciende el fuego con el viento soplando tu espalda.

4. Madera suave que se quema: abeto, bálsamo, cedro y el pino. Madera difícil,la madera se quema caliente y lenta: nogal, roble, arce, fresno, haya, langosta, y cornejo.

5. Al extinguir un incendio, asegúrate de rociar agua sobre él. No la viertas. Cuando el fuego se haya extinguido, remueve las cenizas por ahí con un palo y añade más agua para apagar las brasas sobrantes.

LANZANDO FUERA: Sesión 3

Cómo Evitar Perderse

Perderse en el bosque es una situación alarmante. Tomar algunas precauciones importantes y aprender algunas habilidades simples, puede hacerte sobrevivir.

● Dile a otros a donde vas, y cuando vas a volver. No vayas a ningún otro sitio.

● Ten siempre un compañero.

● Mantente en los senderos marcados. Dejar un sistema de senderos es a menudo prohibido, y hace que sea más fácil perderse.

● Quedarte con tu grupo. No caminar adelante o quedarte atrás.

Encontrar Direcciones Sin Brújula

Por la noche, buscar la Estrella del Norte es simple. Localizar la Osa Mayor, una constelación que se parece a una olla gigante. Las dos estrellas de la olla, no el mango, apuntan a la Estrella del Norte. La Estrella del Norte es también la última estrella en la mano de la Osa Menor.

Además, el sol sale por el este y se pone por el oeste. Si estás parado el Oriente está a tu lado derecho, enfrentas el norte.

Si Te Pierdes

1. ¡No te asustes! Siéntate, céntrate en tus pensamientos, y respira profundo. Da miedo estar solo o perdido, pero el pánico sólo empeorará las cosas.

2. Toma un momento y pídele a Dios que te ayude. Pídele valor para hacer lo que hay que hacer a la sabiduría para tomar las decisiones correctas.

3. Espera en un lugar para ser rescatado. No pasees sin rumbo fijo. Si tienes un silbido, sopla tres veces, y luego espera un momento, luego sopla tres veces de nuevo. Repite este proceso para que la gente sepa dónde estás. Si no tienes un silbato, grita en voz alta y escucha una respuesta.

¿Qué Hay De La Comida?

No te preocupes por la comida hasta que te hayas perdido durante más de un día. Estate atento al comer bayas y otras plantas puede ser un riesgo peligroso e innecesario. Si tienes la oportunidad de tomar una clase de supervivencia en la naturaleza, aprende algunas de las plantas comestibles y vegetación disponibles en tu área.

4. Haz un balance de lo que tienes: Cuchillo, fósforos, alimentos, agua, hilo, etc. Estos serán necesarios si no te encuentran dentro de unas pocas horas.

5. Construye una señal de fuego. Usa ramas verdes, hojas, hierba para hacer humo. Sigue todas las precauciones de seguridad cuando se construye el fuego. Ten cuidado de que el fuego no se apague en caso de tener que pasar la noche.

6. Prepárate para pasar la noche donde te encuentres. Recoge leña para el fuego, encuentra o construye refugios, y comprueba si hay un suministro de agua.

7. Raciona tu agua y suministro de alimentos.

8. Si tienes que dejar tu sitio, deja un rastro a seguir por otros.

Campo de Última Hora

Cuando levantes el campamento, asegúrate de que has puesto toda la basura en un punto apropiado, extinguido el fuego, y dejado el campamento en mejores condiciones de cómo lo encontraste.

Cepilla toda la suciedad y los escombros de tu tienda de campaña antes de plegar. Si la tienda está húmeda, asegúrate de secarla tan pronto como llegues a casa. Una vez seca, enróllala y guardarla.

¡ENVUÉLVELO!

1. ¿Cómo te sentiste después de tu proyecto de ministerio? _____
   _____
   _____
   _____

2. ¿Cómo puede Dios utilizar tus habilidades de acampar en el futuro? _____
   _____
   _____
   _____

3. En Éxodo 15:22a y 27, ¿Cómo proveyó Dios a su pueblo en el desierto? _____
   _____
   _____
   _____
   _____

_____   _____
Fecha   Firma de Guía

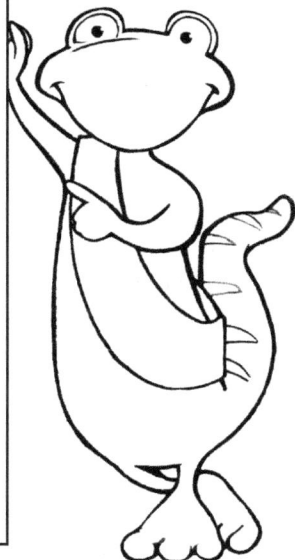

CARPINTERÍA

VERSÍCULO BÍBLICO

"Por tanto, todo el que me oye estas palabras y las pone en práctica es como un hombre prudente que construyó su casa sobre la roca. Cayeron las lluvias, crecieron los ríos, y soplaron los vientos y azotaron aquella casa; con todo, la casa no se derrumbó porque estaba cimentada sobre la roca." (Mateo 7:24-25)

Imagina la construcción de una casa sin cimientos. Con el tiempo las paredes se hunden, la casa se agita y se balancea, y si el viento es bastante fuerte la casa simplemente se volaría. Jesús dijo que una persona que oye la Palabra de Dios y no la obedece es como un constructor que construye una casa sin cimientos.

Dejamos de lado el tiempo para leer y escuchar la Biblia, asistir a la iglesia y orar porque Dios nos habla a través de estas actividades. Aprendamos lo que Dios quiere que hagamos, y obedezcamos. Si una persona no obedece la Palabra de Dios, la persona es como un constructor que construye una casa en una playa de arena. La casa no tiene ningún fundamento para asegurarla.

TRABAJO

Qué Puedes Hacer Con Esta Habilidad

La carpintería es una habilidad muy útil. El tratamiento de la madera es una gran manera de aliviar el estrés, la reparación de artículos, y construir objetos es útil para el hogar y para algunos pasatiempos.

Requisitos ✓ de Insignia

Elige cuatro de los cinco requisitos siguientes para realizar la insignia Carpintería.

☐ Identificar 10 grandes herramientas para trabajar la madera.

☐ Demostrar estas habilidades: martillar un clavo correctamente, realizar una medición de un trozo de madera, cortar una línea recta con una sierra, y utilizar un taladro para hacer un agujero en un trozo de madera.

☐ Crear un kit de herramientas para su uso en el hogar.

☐ Construir una casa para pájaros u otro proyecto de carpintería.

☐ Encontrar una manera en la que puedas utilizar tus conocimientos de carpintería para servir a otra persona.

PALABRAS PARA SABER

Arqueada: Un tipo de deformación que se les doblan a los tableros en los extremos.

Carburo de Acero: Extremadamente duro, acero de larga duración utilizado para hojas de sierra circular.

Avellanado: El proceso de perforación de un agujero para que la cabeza del tornillo se hunda por debajo de la superficie.

Valla: La parte ajustable de una herramienta eléctrica que ayuda a alinear la madera y mantenerlo cuadrado.

Contragolpe: Cuando un trozo de madera es lanzada hacia atrás por una herramienta eléctrica. Si se utiliza una herramienta de mano de potencia, La propia herramienta puede ser forzada hacia atrás.

Plomada: Ser verdaderamente vertical (arriba y abajo).

Escuadra: Tener una esquina de exactamente 90 grados.

HERRAMIENTAS DEL COMERCIO: Sesión 1

Cuando se trabaja con madera, las herramientas son una parte necesaria del trabajo. Es fácil dejarse llevar por la compra de la última herramienta, así que ten cuidado. Separar todas las herramientas o incluso la herramienta más lujosa, pero aquí hay algunas sugerencias para ayudarte a empezar.

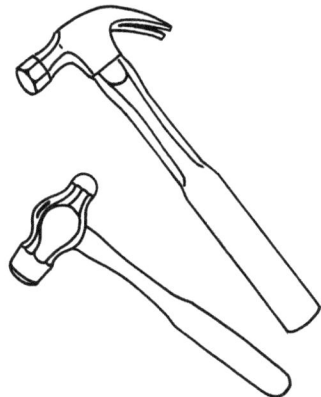

83

Las sierras cortan las cosas. Diferentes sierras tienen diferentes usos. La sierra de cortar metal corta a través del metal. La sierra de mesa le permite hacer el mismo tamaño de corte varias veces. La sierra de mano es alimentada por tu propia fuerza.

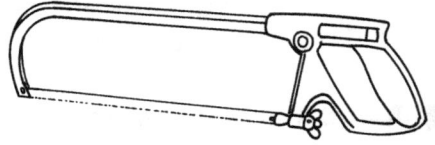

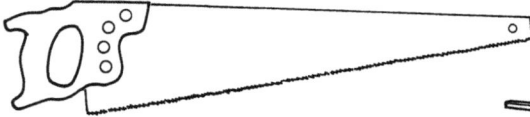

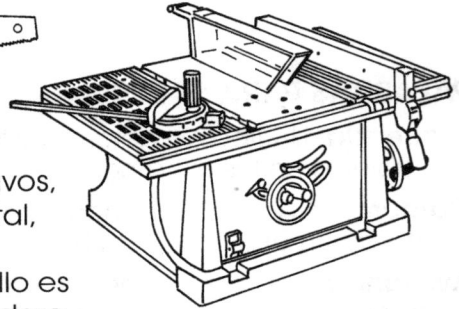

Utiliza un martillo para clavar clavos, rompe la roca aparte, o dobla metal, pero asegúrate de usar el martillo apropiado para cada uso. El martillo es el más común para trabajar la madera. Está diseñado para clavar clavos, y la garra le permite sacar clavos viejos, doblados o rotos de la madera.

¿Quieres hacer un agujero en un trozo de madera? Usa un taladro. Basta con colocar una broca del tamaño del agujero deseado en el taladro, y ya estás listo para perforar el agujero.

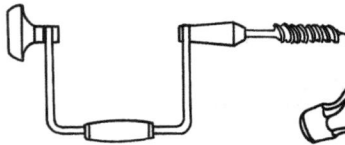

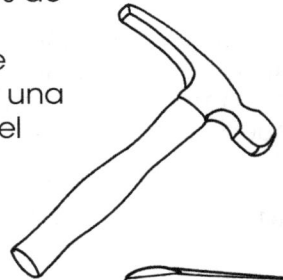

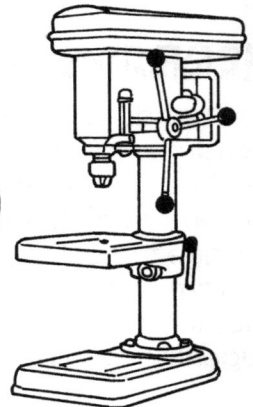

84

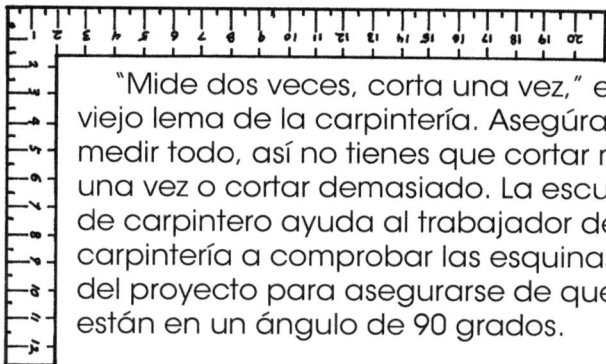

"Mide dos veces, corta una vez," es un viejo lema de la carpintería. Asegúrate de medir todo, así no tienes que cortar más de una vez o cortar demasiado. La escuadra de carpintero ayuda al trabajador de carpintería a comprobar las esquinas del proyecto para asegurarse de que están en un ángulo de 90 grados.

Conocimientos Básicos de Carpintería

Habilidad N° 1: Clavar Clavos

1. Mantén el martillo en la mano. Sostenlo con un agarre cómodo alrededor de una pulgada desde el extremo del mango.

2. Sostén la columna (la parte larga del clavo) entre el pulgar y el dedo índice.

3. Coloca la punta del clavo en la madera, y con cuidado golpea el clavo. Asegúrate de que el clavo está recto.

4. Continúa sosteniendo el clavo y golpéalo con más fuerza. Después de que esté parcialmente dentro de la madera, quita tu mano y termina de clavar.

   Nota: Si el clavo comienza a doblarse, trata de enderezarlo. Si se dobla sin posibilidad de reparación, retira el clavo con la uña de martillo, y comienza de nuevo.

Habilidad N° 2: Medición y Marcado

1. Extender la cinta de medir a unas pulgadas de su titular. Hay un gancho o pestillo en el extremo de la cinta. Coloca este gancho sobre el borde de la placa que se está midiendo.

2. Tira de la carcasa de la cinta métrica a lo largo de la junta hasta que la longitud deseada se mida. Coloca una marca de lápiz en el tablero en la medida apropiada.

3. Suelta con cuidado el gancho extremo de la placa, y poco a poco permite que la cinta vuelva en la carcasa.

4. Utiliza una escuadra de carpintero para trazar una línea recta a través del ancho de la tabla colocando el mango de la plana cuadrada, contra el borde de la placa. Dibuja una línea de lápiz a lo largo del borde exterior de la hoja de acero.

Habilidad N° 3: Perforación

1. Coloca la broca en el taladro, y apriétalo con la llave de perforación.

2. Coloca la pieza de madera en un tornillo de banco o fíjala con una abrazadera de madera.

3. Mantén firmemente el taladro y coloca el extremo de la broca en la marca en la que deseas el agujero. Tira lentamente el gatillo mientras empujas hacia abajo con el taladro.

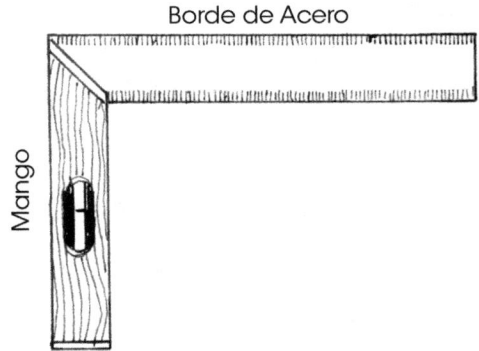

Borde de Acero

Mango

4. Mantén el taladro hacia arriba y hacia abajo. Perfora hasta que la broca salga del otro lado de la junta.

Nota: Con el fin de mantener que el otro lado del tablero no se astille, pon otro trozo de madera debajo de la placa mientras estás taladrando.

Habilidad N° 4: Aserrado

1. Mide la longitud adecuada de la junta que necesitas. Utiliza la escuadra de carpintero para hacer una línea recta a través del ancho de la junta.

2. Coloca la tarjeta que se está cortando en una caja o un aparato ortopédico en un banco de trabajo. El lugar que se está cortando debe colgar sobre el borde de la caja.

3. Coloca los dientes de la sierra en la marca de lápiz. Tira lentamente de la sierra hacia ti. Lentamente empuja y tira de ella un par de veces para ponerla en marcha.

4. Utiliza trazos cortos hacia arriba y hacia abajo para continuar el corte de la madera. Asegúrate de mantener la sierra recta. No trates de romper la junta o se astillará y arruinará la junta.

CONCEPTOS BÁSICOS: Sesión 2

Sus Propias Herramientas

Hay algunas herramientas básicas que son necesarias para cualquier casa o apartamento. Es posible que no quieras construir un proyecto armario o madera, pero habrá ocasiones en las que las herramientas son necesarias. Utiliza la siguiente lista para ayudarte a empezar con un juego de herramientas básicas casero.

1. martillo
2. destornillador (cabeza plana)
3. destornillador Phillips N° 1
4. destornillador Phillips N° 2
5. alicates
6. tijeras de alambre
7. llave ajustable
8. bloqueo de canal (10 pulgadas)
9. cuchillo de utilidad
10. cinta de medir
11. nivel
12. gafas de seguridad
13. sierra de uso múltiple
14. lápiz de carpintero

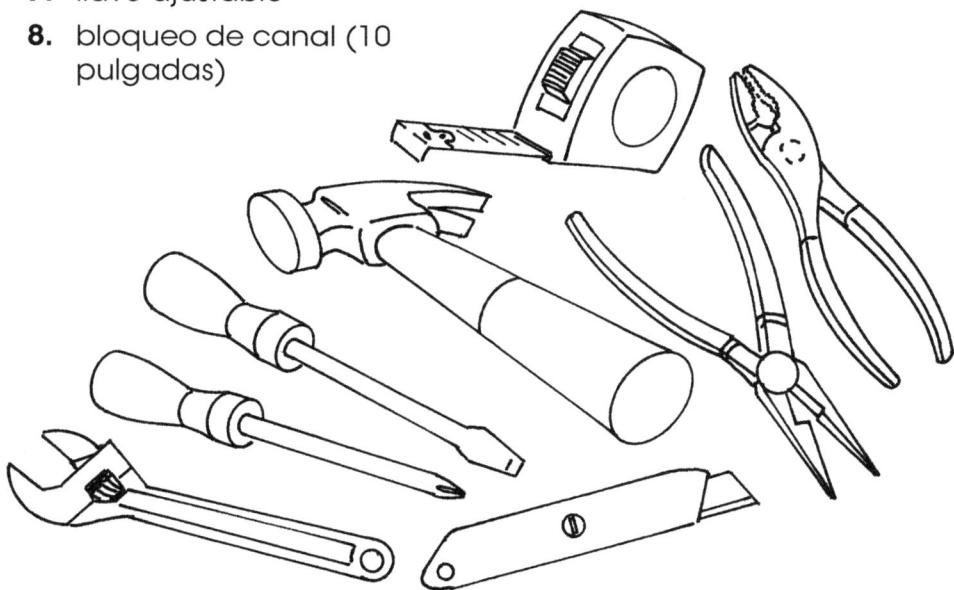

Suministros Adicionales

1. cinta de conducto
2. papel de lija (grano surtidos)
3. WD40 o aceite 3 en 1
4. pegamento de madera
5. cinta aislante
6. caja de herramientas

VAMOS A LA CARPINTERÍA: Sesión 3

Casa de Aves Bonanza

Hay dos enfoques para la construcción de tu casa para pájaros. En primer lugar, constrúyela para decoración. A muchas personas les gusta pintar diseños o utilizarlos como decoración en su hogar. Si éste es tu plan, considera cuidadosamente cómo vas a pintar y diseñar tu casa para pájaros. En segundo lugar, constrúyela para el uso de aves. Algunas personas realmente construyen pajareras para que los pájaros vivan en ellas. Si vas a construir tu casa para pájaros para este fin, que no sea demasiado lujosa. Las aves suelen preferir pajareras lisas y de aspecto natural.

Necesitas:

- sierra
- martillo
- taladro eléctrico
- destornillador
- medida de cinta
- cuadrado de carpintero
- lápiz de carpintero
- gafas
- papel de lija

- 2 'x 4' x 1/2 "madera contrachapada para exteriores (1 por niño)
- 6 ½ "x ¼ " espiga de madera (1 por niño)
- 6 tornillos para madera resistentes a la roya
- 1 ¼ "clavos resistentes a la roya
- pegamento de madera

Fundamentos de la Casa de Aves

Paso 1: Diseña la parte delantera y trasera. Dibuja dos rectángulos, 6 ½" x 8 $\frac{5}{8}$", y usa los lados cortos de la parte superior e inferior. Coloca una marca de 5 ¼" de la parte inferior, y marca el centro de la parte superior. Conecta esta marca central con marcas hechas 5 ¼" de la parte inferior. Esto formará el techo.

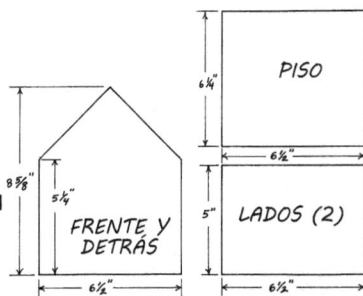

Paso 2: Las dos partes van a medir 5"x 6 ½".El piso mide 6 ½"x 6 ¼". Los dos pisos rieles de sujeción medirán 6 ½"x ½"x ½". Para hacer las mitades del techo vas a necesitar una pieza, cada una de 9 ¼" x 6 ½" y una pieza de 9 ¼" x 6".

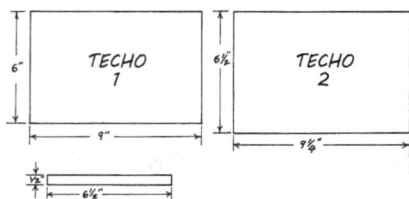

Paso 3: Haz un agujero de 1 ½ "de diámetro en la parte delantera de la casa para pájaros para servir como entrada del ave. También perfora un orificio de ¼ para la varilla de madera. Esta será la percha.

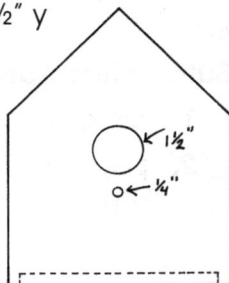

88

Paso 4: Instala los montajes del piso al lado de la piezas frontal y posterior. Marca el centro de la parte delantera y trasera y luego marca el centro de la planta de montaje. Alinea las dos marcas de centro, y adjunta los soportes con un poco de pegamento y clavos resistentes.

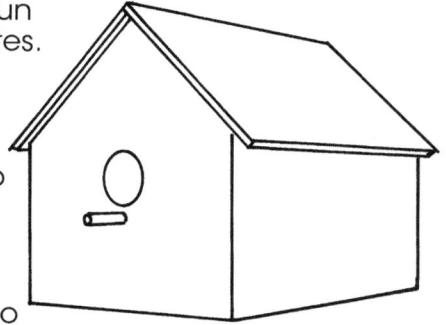

Paso 5: Coloca el lado usando pegamento resistente al agua y el óxido de clavos resistente. Asegúrate de alinear los lados tanto con el fondo y la parte delantera y trasera.

Paso 6: Colocalas mitades del techo a la parte superior de la casa. Une el diluyente de la mitad del techo primero para ayudar a alinear la otra mitad.

Paso 7: Levanta la pajarera y une la parte inferior con tornillos para madera.

¡ENVUÉLVELO!

1. ¿Cómo te sentiste después de tu proyecto de ministerio? _____
   _____
   _____

2. ¿Cómo puede Dios utilizar tus conocimientos de carpintería en el futuro? _____
   _____
   _____
   _____

3. Sabemos que la obediencia a la Palabra de Dios pone nuestras vidas sobre una base firme. Expresa el significado de Mateo 7:24-25 en tus propias palabras. _____
   _____
   _____
   _____
   _____

_____   _____
Fecha   Firma de Guía

NUDOS

VERSÍCULO BÍBLICO

"Al malvado lo atrapan sus malas obras; las cuerdas de su pecado lo aprisionan." (Proverbios 5:22)

Un pequeño trozo de cuerda se rompe fácilmente, pero cuando envuelves la misma cadena de tamaño alrededor y alrededor y alrededor de ella se convierte en imposible de romper. Nuestros pecados actúan de la misma manera. Un pecado puede ser fácil de romper, pero una vez que nos hemos envuelto varias veces, parece imposible liberarse. Jesús vino para perdonar nuestros pecados. En el Libro de Juan, se nos dice que Dios envió a Jesús para que pudiéramos ser perdonados de nuestros pecados y tener vida eterna en el cielo.

TRABAJO

¿Qué Puedes Hacer Con Esta Habilidad?

Ir de pesca, camping, escalada en roca, todos utilizan una cosa: nudos. Sin nudos no podrías atarte los zapatos o transportar muebles para el hogar en un camión. Los nudos son siempre útiles.

Requisitos ✓ de Insignia

Elige cuatro de los cinco requisitos siguientes para realizarla insignia Nudos.

☐ Identificar y atar los tres principales nudos para su uso en camping.

☐ Identificar y atar los tres principales nudos para su uso en la pesca.

☐ Identificar y atar los tres principales nudos para su uso en la escalada en roca.

☐ Crear una tabla que muestre nudos importantes.

☐ Encontrar una forma en la que puedes utilizar las habilidades de nudos para ministrar a otra persona.

■ **Nunca** atar a alguien usando nudos.

■ **Nunca** jugar con una cuerda alrededor de tu cuello y garganta en situaciones de escalada en roca.

■ **Siempre** tener supervisión de un adulto cuando utilizas nudos en el área.

■ **Siempre** que alguien vuelva a comprobar tus nudos de escalada antes de confiar en los nudos con tu peso.

PALABRAS PARA SABER

Enrollar: El proceso de envolver adecuadamente una cuerda para su almacenamiento.

Fusta: El proceso de preparación del extremo de una cuerda para que no se complique o refriegue.

Nudo Doblado: Se refiere a cualquier nudo que une dos cuerdas de diferentes tamaños.

3900: El número de nudos conocidos grabados.

Preparación de los Extremos de una Cuerda

Debes siempre "fustar" los extremos de una cuerda para evitar que se deshilachen.

Para cuerdas de fibra sintética, aplica una plancha caliente o una llama a los extremos de la cuerda. Esto derrite las cadenas juntas evitando que se deshilachen.

Para cuerdas no sintéticas, utiliza los pasos siguientes:

● Coloca el hilo de la cuerda como se muestra.

● Envuelve el extremo de la cuerda alrededor de la cuerda.

● Cuando la fusta esté tan ancha como el diámetro de la cuerda, desliza el extremo del hilo a través del bucle. Tira de los extremos de la cuerda que está en el extremo de la cuerda hasta que el bucle desaparezca bajo las capas de la envoltura del hilo. Corta los extremos de la cuerda cerca de la envoltura.

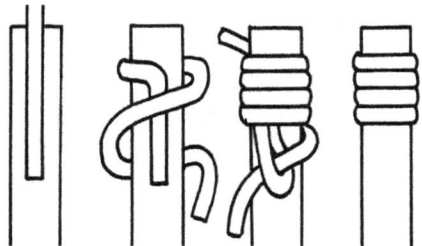

NUDOS DE CAMPING: Sesión 1

Los nudos son una parte importante de acampar. Sin ellos serías incapaz de lanzar la mayoría de tiendas de campaña, la cadena de un tendedero de ropa, o incluso transportar tu equipo para el camping. Hay innumerables nudos útiles, pero aquí están cinco de los más comunes para empezar. Aprende a atarlos bien, y estarás bien en tu camino a la creación de tu propia acampada.

Nudo Dos Mitades

Este nudo se utiliza para sujetar una cuerda a un poste, gancho, o un anillo. Si agregas un tercer punto harás una línea de tienda de campaña a una estaca. Se llama nudo triple de medio.

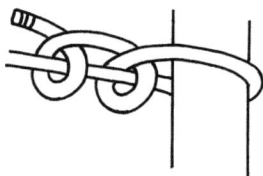

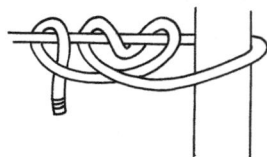

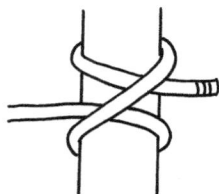

Ballestrinque

El ballestrinque te permite atar una cuerda a otro objeto. Este nudo es útil para hacer amarre de proyectos de campo.

Nudo Cuadrado

Este nudo te permite ajustar dos cuerdas del mismo tamaño. También es útil para la conexión de dos extremos de la misma cuerda. Una manera fácil de recordar cómo atar este nudo es "derecho por delante del izquierdo, izquierda sobre derecho."

Fuste de Oveja

Este nudo se utiliza para acortar una cuerda sin cortarla.

92

VAMOS DE PESCA: Sesión 2

Sin nudos, tu gancho no se quedaría en tu línea de pesca, y tu línea de pesca no se quedaría en tu carrete. Utiliza estos nudos para ayudarte a atrapar peces grandes.

Mejora del Nudo Clinch

Utiliza el nudo clinch mejorado para unir el extremo de la línea a un gancho, eslabón giratorio, o cebo. Este nudo se utiliza mejor con hilo de pescar de 20 libras y por bajo.

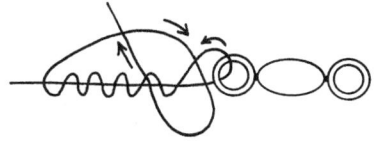

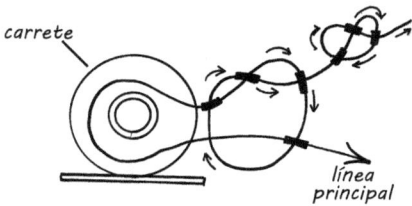

carrete

línea principal

Lazo de Cebo

Este nudo se utiliza para sujetar el extremo de tu hilo de pescar a un gancho.

INDICAR QUÉ LÍNEA ESTÁ SOBRE

Nudo Arbor

El nudo de arbor se utiliza para unir el hilo de pescar al carrete.

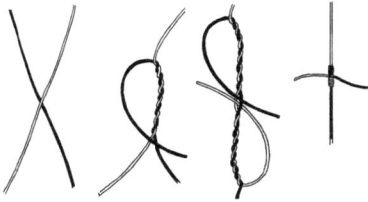

Sangre o Nudo de Barril

Este nudo se utiliza para unir dos líneas de diferentes diámetros. Se trata de un nudo perfecto para la conexión de la línea de pesca con línea de referencia como en la pesca con mosca.

Nudo Rapala

Este nudo permite que tu cebo o señuelo tengan algo de "juego" con el fin de parecer más natural para los peces.

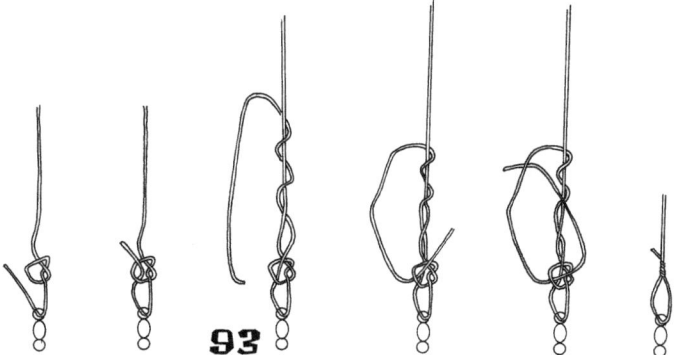

93

POR LAS RAMAS: SESIÓN 3

Los Nudos de Escalada

No hay otro deporte donde los nudos atados correctamente sean más valiosos y necesarios que en la escalada en roca y rapel. Los escaladores experimentados conocen y utilizan unos 30-40 nudos o más, pero estos 5 servirán para iniciar. **(Nota: La Escalada sólo debe hacerse bajo la guía de un escalador experimentado.)**

Figura Ocho

El número ocho es el más útil de todos los nudos de escalada. Pone la menor cantidad de estrés en la cuerda mientras está en uso, y se libera fácilmente. Hay dos métodos para atar este nudo. El primero se utiliza al realizar el recorte en un arnés o mosquetón. El segundo, llamado el enhebrar, se utiliza al empatar en algo.

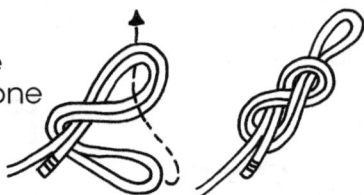

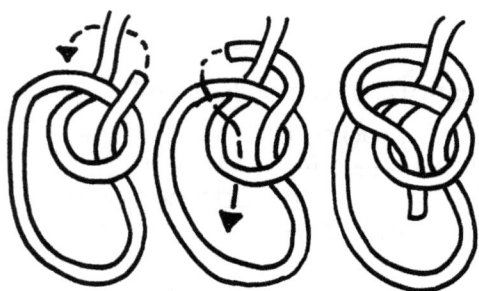

As de guía

El as de guía es un excelente nudo para apoyar a alguien sin un arnés. Utilizado en rescates de emergencia o para atar a un arnés, el as de guía es un nudo esencial.

El Tirón de Bandolero

Este nudo puede soportar el peso de una persona en una cadena mientras se suelta la cuerda tirando de la otra hebra.

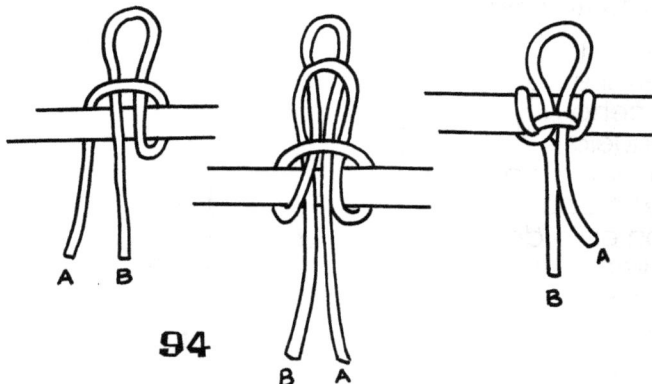

A B

94

B A

Doble Nudo

Este nudo se utiliza como un nudo de tope en el extremo de una cuerda. Es menos probable que tire a través.

Hoja Curva

La vuelta de escota se utiliza para unir dos cuerdas de diferentes tamaños.

Cuidado de la Cuerda y Alimentación

- Comprueba cualquier deshilachado de la cuerda de escalada por las zonas de rozamiento. Reemplaza las cuerdas dañadas inmediatamente.
- Correctamente enrolla y almacena las cuerdas entre usos.
- Mantén las cuerdas secas.

¡ENVUÉLVELO!

1. ¿Cómo te sentiste después de tu proyecto de ministerio? _____
   _____
   _____

2. ¿Cómo puede Dios usar tu habilidad de nudos en el futuro? _____
   _____
   _____

3. Sabemos que el pecado nos puede atar, nos impide hacer la voluntad de Dios. ¿Cómo puedes resistir la tentación de pecar?
   _____
   _____
   _____

_____   _____
Fecha   Firma de Guía

SEGURIDAD PERSONAL

VERSÍCULO BÍBLICO

"En paz me acuesto y me duermo, porque solo tú, Señor, me haces vivir confiado." (Salmo 4:8)

Pronto vas a ser un adolescente, sin embargo, muchas personas en tu vida todavía pueden tratarte como un niño pequeño. Las frases cortas como "Sabemos lo que es mejor," "Estamos haciendo esto porque te queremos" y "Recuerda que eres y lo que uno cree" puede no reflejar en tu independencia en ciernes. Sin embargo, es importante recordar que las personas que hablan esas frases han estado alrededor de la cuadra más de una vez. Y, en la mayoría de los casos, es muy probable que repitas estas frases si algunos niños las tienen. Ser padre de un adolescente es tan difícil como ser adolescente.

A medida que aumenta el nivel de libertad, también lo hace el nivel de responsabilidad personal. Es importante saber qué hacer cuando tus padres están alrededor y cuando no están alrededor. Esta unidad se enfoca en solo una pequeña parte de las muchas cosas involucradas en la seguridad personal. Esta unidad no es una "lista de reglas." Tiene algunas pautas que le permitirán actuar como un poco mayor, no sólo hacerte mayor.

EDUCACIÓN

Qué Puedes Hacer Con Esta Habilidad

Aprender las normas de seguridad personales te ayudará a establecer un nuevo nivel de responsabilidad. También te ayudará a saber qué decir y qué hacer en situaciones posiblemente peligrosas o potencialmente mortales.

Requisitos ✓ de Insignia

Elige cuatro de los cinco requisitos siguientes para realizar la insignia Seguridad Personal.

☐ Los aventureros deberían ser capaces de recitar las cinco directrices para utilizar el sistema de emergencia 911.

- [ ] Completar un inventario de seguridad en el hogar.
- [ ] Nombrar cinco cosas a tener en cuenta si estás en casa solo por la noche.
- [ ] Listar las cosas que debes hacer si notas que alguien te sigue.
- [ ] Encontrar una manera en la que puedas utilizar tus nuevas habilidades de seguridad personal para ministrar a alguien más.

#1 Seguridad

■ **Todo** en esta unidad debería ser revisado con tus padres o tutores.

■ **Nunca** asumas que estas completamente preparado para una situación. La guía en este libro se da para educarte acerca del cuidado personal. Recomendamos **altamente** que participes en un curso de seguridad en tu comunidad o en la estación de policía.

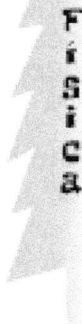

Física

PALABRAS PARA SABER

Sistema de Respuesta a Emergencias: El sistema de respuesta de emergencia 911 fue desarrollado en 1968. El Gobierno de los Estados Unidos se asoció con empresas de telefonía para crear un número de emergencia universal. El número 911 era fácil de recordar y marcar. Hoy en día, el sistema 911 se utiliza en la mayoría de los lugares en los Estados Unidos. La mayoría de otros países también tienen un sistemas de respuesta de emergencia. Es importante que usted sea cuál es el número de respuesta de emergencia para su país.

Cerraduras con Cerrojo: Un fuerte bloqueo que se mueve girando un botón o tecla sin la acción de un muelle.

Iluminación Exterior: Iluminación del exterior alrededor de una casa o edificio. Esta luz está diseñada específicamente para iluminar las sombras oscuras o lugares donde la gente posiblemente se podría ocultar.

Emergencia: Una necesidad urgente o inmediata por alivio o ayuda.

SISTEMAS DE RESPUESTA A EMERGENCIAS: Sesión 1

Es el número de teléfono que espero que nunca tengas que usar. Sin embargo, también es probablemente uno de los números más importantes que debes saber. Hay sistemas de respuesta a emergencias en uso en la mayoría de los pueblos y ciudades de todo el mundo. Te guste o no, en algún momento de tu vida, es posible que tengas que decidir si debes marcar este número o no. Lo más probable es que la presión y la intensidad de las circunstancias obstaculicen tu proceso de toma de decisiones. Es por eso debes educarte y entrenarte para responder de una manera que esté por encima de las circunstancias. Cuando te enfrentes a una posible situación de vida o muerte, debe poder responder de manera oportuna y tranquila. La vida de los demás, así como la tuya, puede depender algún día de si sabes o no cómo marcar y usar el número de respuesta de emergencia en tu ciudad o país.

Cuando Llamar al 911 o al Número de Respuesta de Emergencia

● Marca el Número de Respuesta de Emergencia solo en caso de emergencia. Las emergencias son situaciones que requieren alivio o ayuda inmediata. Las situaciones de emergencia en las que la policía, el departamento de bomberos o la asistencia médica pueden brindar la ayuda necesaria son situaciones en las que puedes llamar al Número de Respuesta de Emergencia.

● **Nunca marques el Número de Respuesta de Emergencia como una broma.** Cada vez que alguien marca el Número de Respuesta de Emergencia y realmente no necesita ayuda, puede demorar a alguien que tiene una gran necesidad de obtener asistencia. Además, nunca debes llamar al Número de Respuesta de Emergencia para obtener información, asistencia de directorio o cuidado de mascotas.

● La mayoría de los Números de Respuesta de Emergencia tienen sistemas establecidos para rastrear el número de teléfono desde donde se realiza una llamada. Esto ayuda al operador de respuesta de emergencias a obtener información de dirección precisa si una persona no puede hablar. Si marcas accidentalmente el Número de Respuesta de Emergencia, permanece en la línea y explica que marcaste el número por error. Si cuelgas, se enviará automáticamente un vehículo de emergencia a la dirección del número rastreado para evaluar la situación.

● Siempre llama al Número de Respuesta de Emergencia si alguien está gravemente herido o si tu vida está en peligro. Esto incluye incendios, accidentes automovilísticos, situaciones peligrosas o si ves que se está cometiendo un delito.

- Si alguna vez tienes dudas de si debes o no llamar al Número de Respuesta de Emergencia y un adulto no puede preguntar, responde con el lema de que es mejor llamar y permitir que el despachador del Número de Respuesta de Emergencia evalúe la situación y no hagas nada hasta que te lo indique el despachador de llamadas.

Indica cuatro circunstancias en las que debes llamar al Número de Respuesta de Emergencia.

1._____

2._____

3._____

4._____

Si accidentalmente llama al Número de Respuesta de Emergencia, ¿Qué debes hacer? _____

_____

¡EXCLUIR!: Sesión 2

Uno de los delitos más comunes reportados a la policía es el robo. Sin embargo, los ladrones se pueden evitar mediante el equipamiento de tu hogar y siguiendo precauciones de seguridad. Utiliza el inventario de seguridad en el hogar a continuación para crear una casa en la que muchos ladrones no podrían pasar.

1. Todas las puertas exteriores deben estar equipadas con cerraduras de seguridad.
2. Las puertas deben estar cerradas cuando sales de la casa, incluso aunque sólo sea por unos minutos.
3. Las puertas corredizas de vidrio deben estar aseguradas con un candado y un palo de madera.
4. Todos los arbustos y árboles se recortan alrededor de tu casa.
5. La iluminación exterior ilumina los rincones oscuros y otras áreas oscuras donde alguien podría esconderse.
6. Marcar tu propiedad valiosa como televisores, reproductores de DVD, equipos de música con sus padres o tutor.
7. Considerar la posibilidad de invertir en un sistema de alarma que suene cuando se abra una puerta o ventana.
8. Nunca colocar las llaves de tu casa bajo un felpudo, en el buzón de correo, o en otros lugares "secretos".
9. Dejar por lo menos una luz en la noche en algún lugar de tu casa, incluso si no estás allí.
10. Si ves a una persona sospechosa cerca de tu casa o en casa de tu vecino, llama a la policía inmediatamente.

11. En caso de que vuelvas a casa y encuentres la puerta abierta, una ventana rota, u otros signos de que alguien ha estado allí durante tu ausencia, no entres. Ve inmediatamente a la casa de un vecino y llama a la policía.

12. Si sales de vacaciones, interrumpe cualquier entrega regular, tales como correo y periódicos. Pídele a un amigo o vecino de confianza que aparque su coche en tu camino de entrada.

CAMINANDO SOLO: Sesión 3

A medida que envejeces puedes encontrarte caminando a la escuela, la iglesia, la tienda, o caminar para hacer ejercicio. Cuando entras a estos lugares, recuerda las siguientes normas de seguridad. Las directrices están diseñadas para ayudarte a salir, o mantenerte al margen de situaciones peligrosas.

Caminando Solo

Prevención

- El mejor consejo de seguridad para caminar por es, cuando sea posible, ¡no lo hagas! Camina en las multitudes o al menos con otra persona.

- Pasea, cuando haya una gran cantidad de personas. Aunque los callejones y atajos pueden ser más rápidos, es mejor tomar caminos en los que haya una gran cantidad de personas.

- Aunque los caminos con arbustos y árboles invitan a caminar, son también lugares donde la gente puede ocultarse. Si estás dando un paseo por la naturaleza, lleva a un amigo o dos.

- El pasear con un perro, incluso uno pequeño, reducirá en gran medida la posibilidad de que alguien se acerque a ti.

- Llevar un silbato de colores brillantes alrededor del cuello es un gran impedimento en contra de alguien en busca de problemas. Si saben que puedes llamar rápidamente la atención, ¿por qué querer meterse contigo?

- Si te ves obligado a caminar solo sobre una base regular, habla con tus padres sobre comprar un teléfono celular. Un teléfono celular te permitirá pedir ayuda en una manera oportuna si te ves en una situación sospechosa. Sin embargo, si estás siendo perseguido, no te pares para marcar el teléfono. Espera hasta que estés en un lugar seguro antes de utilizar tu teléfono celular.

Sólo puedes hacer tanto para disuadir a un extraño que no desees que se acerque ti. Algunas personas son simplemente tontas. Sin embargo, no se dan cuenta que has sido preparado para este tipo de situación.

¿Qué Hacer Cuando Hay Problemas?

- Si sospechas que te están siguiendo, haz un giro repentino, cruza la calle, acelera, o entra en un negocio cercano.

- Si estás siendo perseguido por un coche, da la vuelta y camina por la dirección opuesta. Le llevará más tiempo a un coche o furgoneta invertir su dirección y te dará tiempo para poner distancia entre tú y ellos.

- Si son persistentes en seguirte, comienza a gritar. En lugar de gritar "ayuda", grita la palabra "fuego." Si estás usando un silbato u otra alarma de seguridad, utilízalo en este momento.

- Comienza a poner un montón de distancia entre tú y la persona que te sigue. A medida que corras, continúa gritando. Nunca dejes de gritar hasta que sientas que estás fuera de peligro.

- Si un atacante es capaz de agarrarte, es hora de que pienses acerca de la supervivencia. El participar en un curso de defensa personal es ideal para aprender qué hacer en esta situación. Sin embargo, si no tienes entrenamiento en defensa personal, no asumas que puede reaccionar como los chicos o chicas de las películas de acción. La vida real es bastante diferente.

Si alguien te atrapa, comienza a agarrar, arañar, patear y golpear al atacante. Piensa en las áreas donde se puede infligir mayor dolor; ojos, tira de las orejas, y patear sus piernas o áreas privadas.

101

¿Qué Sabes?

Utiliza la información que has estado aprendiendo a trabajar a través de las siguientes situaciones. O bien escribe tu respuesta a continuación, o sigue las instrucciones del director del Explorador a medida que avance el juego de roles.

1. Estás intentando ganar entradas para conciertos de una de las estaciones de radio locales. El número que está marcando tiene los números de respuesta de emergencia en medio de él. Debido a que tienes tanta prisa, accidentalmente marcas el número incorrectamente. Desafortunadamente, el número de respuesta de emergencia fue retirado de la secuencia. Cuando el operador de Respuesta a Emergencias responde, entras en pánico. ¿Qué haces?

2. Estás solo en casa, y descubres que alguien está furtivamente alrededor de la yarda de tu vecino de al lado. Sabes que su 95 cumpleaños se acerca, pero no eres consciente de que alguna fiesta sorpresa está ejecutándose. No parece haber ningún otro vehículo estacionado en la calle, y ya son las 8:30 de la noche. ¿Qué haces?

3. Es necesario correr a la tienda de comestibles porque no hay nada para comer en la casa. Son las 7:30 y el sol empieza caer. Tu mamá y papá no estarán en casa hasta las 9:00. La tienda está sólo a una milla de la carretera, por lo que decides caminar a la tienda. ¿Cuáles son algunas precauciones que debes tomar?

4. Tienes un gran patio que a veces es un dolor cortar y recortar. Varios de los árboles en tu patio tienen ramas que casi tocan el suelo y muchos de los arbustos se hacen salvajes. ¿Qué debes hacer?

5. La puerta delantera está equipada sólo con un botón de bloqueo por resorte. ¿Qué debes hacer?

6. La puerta trasera deslizante tiene una cerradura rota y se asegura con una varilla de madera endeble. ¿Qué debes hacer?

7. Estás siendo seguido por un coche. Intentas dar la vuelta, pero el coche simplemente te sigue en tu nueva dirección. ¿Qué haces?

8. Un desconocido te ataca por detrás y te agarra por la cintura. ¿Qué haces?

¡ENVUÉLVELO!

1. ¿Cómo te sentiste después de tu proyecto de ministerio? _____

   _____

   _____

   _____

2. ¿Qué precauciones has tomado si debes caminar solo? _____

   _____

   _____

   _____

   _____

   _____

   _____

3. Es fácil permitir que tu mente se pregunte y se preocupe demasiado con la posibilidad de situaciones peligrosas. Sin embargo, el Salmo 4:8 nos dice que Dios proporciona paz y seguridad. Tómate tu tiempo para escribir una oración. Utiliza esta oración para recordar que, en última instancia, tu paz, seguridad, y esperanza viene de Dios.

   _____

   _____

   _____

   _____

   _____

   _____

   _____

   _____

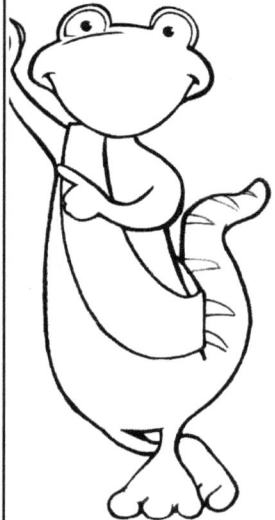

_____   _____
Fecha   Firma de Guía

103

VIDA CRISTIANA

"No dejes que nadie tenga en poco tu juventud, sino sé ejemplo de los creyentes en palabra, conducta, amor, en fe y pureza." (1 Timoteo 4:12)

¿Estás cansado de oír, "Eres demasiado joven"? Bueno, definitivamente ¡no eres demasiado joven para mostrar a los demás lo que es ser cristiano! Vivir tu vida para agradar a Dios es algo que se puede hacer en este momento. Cuando aceptamos a Jesús como Salvador, tenemos que responder a su amor al agradar a Dios.

TRABAJO

Qué Puedes Hacer Con Esta Habilidad

Conocer la existencia de la vida cristiana puede ayudarte a vivir una vida que agrade a Dios. Al vivir complaciendo a Dios, estás mostrando a los demás lo que se siente al ser un cristiano. ¡Una persona puede llegar a conocer a Jesús por el ejemplo que les des!

Espiritual

Requisitos ✓ de Insignia

Elige cuatro de los cinco requisitos siguientes para realizar la insignia de la Vida Cristiana.

☐ Conocer la definición de la santidad y lo que el Espíritu Santo hace en nuestras vidas.

☐ Memorizar y describir los frutos del Espíritu.

☐ Aprender sobre el amor de Dios y el amor humano a través de 1 Corintios 13:4-8.

☐ Comprender por qué los cristianos necesitan la santificación.

☐ Participar en un proyecto de ministerio opcional usando las habilidades de la vida cristiana.

PALABRAS PARA SABER

Santidad: Ser santo significa "ser separado" por Dios. Dios nos aparta para vivir nuestras vidas para agradar a Dios, y el Espíritu Santo nos ayuda a ser como Cristo.

Fruto del Espíritu: Nueve actitudes que "crecen" con el tiempo y cuando tienes una relación con Dios.

Amor: Cuidar a una persona de una manera desinteresada, queriendo lo mejor para esa persona.

Pureza: Limpieza y libre de mancha o sustancias malas

Santificación: El acto en el que Dios nos cambia por lo que queremos su camino más de lo que queremos nuestro propio camino. Como resultado, los cristianos aman cada vez más a Dios y a otras personas.

Autocontrol: Mantener tus impulsos y emociones bajo control.

Fidelidad: Ser leal o tener fe

Paciencia: En espera o pasando por tiempos difíciles con calma y sin quejarse (paciencia)

AMOR, AMOR, AMOR: Sesión 1

La vida cristiana tiene que ver con el amor, no las cosas que se ven en la TV, sino la clase de amor que Dios da. Se trata de amar a Dios y a los demás y mostrarlo por la forma en que los tratas. El amor de Dios es perfecto. Para una definición de amor perfecto, lee 1 Corintios 13: 4-8. Para ayudarte a recordar lo qué es y lo que no es el amor, llena los espacios en blanco a medida que leas:

"El Capitulo del Am♥r"

1 Corintios 13
Versículo 4

El amor es _____

El amor es _____

El amor no _____

El amor no _____

El amor no _____

Espiritual

Versículo 5

El amor no _____

El amor no _____

El amor no _____

El amor no _____

Versículo 6

El amor no se goza de _____

El amor mas se goza de _____

Versículo 7

Todo lo _____

Todo lo _____

Todo lo _____

Todo lo _____

Versículo 8

El amor _____

Eso Está Bien, Pero ¿Qué Pasa en el Mundo Real?

Definitivamente, puedes querer a los demás en el mundo real, incluso a los que no conoces. Tenemos un gran ejemplo de perfecto amor de Cristo-Jesús. Lee algunas de las historias de Jesús en la Biblia. Las cosas que hizo y la forma en que trataba a la gente mostraron lo mucho que ama a todas las personas.

Estos son algunos ejemplos de cómo Jesús nos enseña el amor a los demás:

La mujer en el pozo (Juan 4)

Jesús y Lázaro (Juan 11:1-44)

Zaqueo y Jesús (Lucas 19:1-10)

El Amor Tiene Dos Caminos

En Mateo 22:37-39, Jesús dijo esto: "'Amarás al Señor tu Dios con todo tu corazón y con toda tu alma y con toda tu mente. Este es el primer y más grande mandamiento. Y el segundo es semejante a éste: Amarás a tu prójimo como a ti mismo.'"

Debido a que Dios nos ama, nosotros le amamos. Se supone que debemos amar a los demás tanto como a nosotros mismos. Dios te ama mucho, tanto que envió a su Hijo, Jesús, para salvarte de tus pecados.

Puede ser difícil amar a alguien que te hace daño. Antes de responder a esta persona, ora y pídele a Dios que envíe su Espíritu Santo para ayudarte a mostrar amor. Luego, mira de nuevo la definición de amor de 1 Corintios 13. Pregúntate: "¿Esto lo que estoy a punto de hacer muestra amor?" Si no, trata de elegir otra manera de responder a la persona. Si todavía tienes problemas para mostrar amor a esta persona, pide a otro cristiano mayor de tu confianza orar contigo y ayudarte a encontrar una solución al problema.

¿FRUTOS, CUALQUIERA? Sesión 2

Cuando te conviertes en un cristiano, lo comienzas a mostrar en tu actitud. Probablemente has oído de que las personas se vuelven como los amigos con los que andan. Cuando pasas tiempo con Jesús, oras, lees la Biblia, y aprendes acerca de Dios, vas a ser más como Él. Dios envía al Espíritu Santo para ayudarte a cambiar tus actitudes. Las nuevas actitudes no pueden venir durante la noche, sin embargo. No te preocupes, puede tomar algún tiempo para que el fruto "crezca", con la ayuda del Espíritu Santo. Hay nueve "frutos del Espíritu", o actitudes que vienen de tener una relación con Dios.

Fruto del Espíritu

- **Amor:** Cuidar a una persona de una manera desinteresada, querer lo mejor para esa persona
- **Gozo:** Una actitud positiva que viene de saber que Dios cuida de ti y te ayuda
- **Paz:** Libertad de preocupación
- **Paciencia:** En espera o pasando por tiempos difíciles con calma y, SIN queja (paciencia)
- **Benignidad:** Ser amable con los demás
- **Bondad:** Ser bueno, honesto, agradable, y virtuoso
- **Fe:** Tener fe, ser leal
- **Mansedumbre:** Al no ser duros o violentos
- **Templanza:** Mantener los impulsos o emociones bajo control

NOTA: Puedes encontrar el fruto del Espíritu en Gálatas 5:22-26.

Tal vez ya has visto algunos de los frutos del Espíritu en tu propia vida. ¿Cuáles son algunas buenas actitudes que tienes?

_____

_____

Nombra algunos cristianos que conoces que muestren estas nueve actitudes positivas.

_____

_____

_____

Recuerda, Dios envía su Espíritu Santo para ayudarnos a ser más como Él. Lee tú Biblia. Se o sigue participando en la iglesia. Habla con los cristianos más antiguos. ¡Ora y pídele a Dios que te ayude a que tu vida muestre el fruto del Espíritu!

SANTIDAD: Sesión 3

¡Puede parecer que haya una gran cantidad de esta vida cristiana! Puedes estar pensando, "¿Cómo puede alguien acordarse de todo esto?" La verdad es que no podemos hacerlo por nuestra cuenta. Dios quiere que le agrademos con nuestras vidas, pero Él sabe que necesitamos ayuda. Dios envía su Espíritu Santo para que nos ayude.

Ser santo significa "ser separado" por Dios. Dios es santo, Él es diferente del mundo. Dios nos ayuda a vivir nuestras vidas de manera diferente a lo que lo hace el mundo. La santidad no se trata de recordar una serie de reglas. Se trata de vivir nuestras vidas de tal manera que amemos a Dios, a nosotros mismos, y a otros. Esa es la clase de vida que Jesús vivió. Dios quiere que vivamos como Jesús vivió. El Espíritu Santo nos ayuda a ser como Jesús.

A medida que nos demos a Dios y confiamos en Él para cambiarnos, nos resultará más fácil y más fácil amarle a Él y a los demás, y también será más fácil no pecar.

Llegar a ser santificados, debes darte completamente a Dios. Debes creer que Dios te acepta como eres, entonces te cambia de modo que deseas el camino de Dios más de lo que deseas tu propio camino. Debes creer que Dios enviará el Espíritu Santo para ayudarte a vivir una vida santa. El Espíritu Santo te guiará a medida que vives, ayudándote a tomar las decisiones correctas y mostrar tu amor a Dios y a los demás.

¿Qué Pasa Si Todavía Pecan?

Incluso los cristianos santificados pueden estropear algo. Debido a que los seres humanos son débiles, los cristianos santificados pueden actuar de manera que no cumplen con el Señor y Él debe pedir que los perdone. Sin embargo, estas acciones no son las mismos que la elección de una persona a desobedecer a Dios a propósito.

¿Propósitos de Dios?

¿Qué significa cuando Dios nos hace a un lado para sus propósitos? A menudo puede significar que Él nos hace diferentes del resto del mundo. Él nos ayuda a vivir una vida que le agrada. También quiere ayudar a otros a llegar a conocerlo. Cuando Dios nos separa, nos hace un ejemplo para el resto del mundo, para que puedan saber lo que significa tener una relación con Dios. Dios tiene muchos otros usos para las personas. Como cada persona es especial y única, el propósito de Dios para ellos es especial y único.

¡ENVUÉLVELO!

1. ¿Cómo te sentiste después de tu proyecto de ministerio? _____
   _____
   _____
   _____

2. ¿Cómo puede Dios usar tu conocimiento acerca de la vida cristiana en el futuro?
   _____
   _____
   _____
   _____

3. ¿Cómo puedes ayudar a otros a aprender más acerca de ser un cristiano? _____
   _____
   _____
   _____
   _____

_____ _____
Fecha   Firma de Guía

109

EVANGELISMO

VERSÍCULO BÍBLICO

"Él [Jesús] les dijo: 'Id por todo el mundo y predicad las buenas nuevas a toda criatura.'" (Marcos 16:15, RVR)

Dios llama a todos los cristianos a usar las habilidades de evangelismo. No importa la edad o lo joven que seas, Dios te llama para decirle a otros lo que ha hecho en tu vida. Antes de tener miedo de esto, es necesario entender algo. El evangelismo comienza con el vivir la vida que Dios desea que vivas, una vida de obediencia y crecimiento espiritual. Mientras vivas una vida que complazca a Dios, otros lo notarán.

El siguiente paso es orar. Aparta tiempo para orar por las personas que necesitan el perdón y la ayuda de Dios. A continuación, di a los demás lo que Dios ha hecho en tu vida, y cómo Él puede hacer lo mismo en su vida. No te preocupes por las palabras que vas a utilizar. Di una oración mental rápido pidiendo a Dios por valor y palabras a utilizar, y Él te conducirá. ¡Puedes ser la persona que Dios usa para ayudar a un amigo a convertirse en un cristiano!

EDUCACIÓN

Espiritual

Qué Puedes Hacer con Esta Habilidad

La evangelismo es parte de la vida de un cristiano. Es parte de crecer en la fe. Tienes el privilegio de ayudar a otros a descubrir una maravillosa relación con Dios.

Requisitos ✓ de Insignia

Elige cuatro de los cinco requisitos siguientes para realizar la insignia de Evangelismo.

☐ Escribe y memoriza tú propio testimonio de lo que Dios ha hecho en tu vida.

☐ Memoriza cinco de los ocho versos que podrías utilizar para decirle a alguien acerca del plan de salvación de Dios.

☐ Nombra cuatro cosas que hace la gente cuando se arrepiente.

☐ Haz el juego de roles al compartir el Evangelio con alguien.

☐ Encontrar una manera en la que puedas utilizar tus nuevas habilidades de Evangelismo para servir a otra persona.

PALABRAS PARA SABER

Servicio de Evangelismo: El uso de proyectos de servicio para demostrar el amor de Dios en formas prácticas. Esto es servir a los demás sin esperar nada a cambio.

Ilustración del Puente: Un método utilizado para describir cómo llegar a ser un cristiano usando una cruz como un puente entre las personas y Dios.

Evangelismo: Demostrar y explicar a los demás cómo recibir el perdón de Dios. Es el proceso de decirle a alguien cómo Dios ha cambiado tu vida y ofrecer a la persona la oportunidad de aceptar el perdón de Dios también.

Arrepentirse: Esto significa admitir que hemos pecado, arrepentirse por esos pecados, pedir a Dios que perdone tus pecados, y determinar no cometer más esos pecados.

Crecimiento Espiritual: Este es un proceso de una persona creciendo más cerca de Dios. Algunas cosas que ayudan al crecimiento espiritual son la lectura de la Biblia, asistir a la iglesia, la oración, la comunión y servir a los demás.

PREGUNTAS COMUNES SOBRE LA EVANGELISMO
¿Que es Evangelismo?

Evangelismo es compartir la buena nueva de la salvación de Dios con otros. A veces compartimos mediante el uso de las palabras, a menudo con nuestras acciones, y por lo general utilizamos ambos. Cuando hablamos a otros de como Dios ha trabajado en nuestra vida, entonces estamos participando en el evangelismo.

¿Quién Puede ser Testigo?

Cualquiera puede ser un testigo, pero hay algunos requisitos:

1. Debes ser un cristiano. Dios puede usar a los perdidos para llegar a otras personas no salvas, pero testificar es la llamada y la responsabilidad de los cristianos.

2. Debes estar viviendo como Dios quiere que vivas. En el momento de empezar a contar a otros acerca de la obra de Dios en tu vida, comienzan a mirar tu vida.

3. Hay que orar. Debes comenzar a orar por los que vas a testimoniar y seguir orando por ellos hasta que sean salvos.

¿Qué pasa si no sé qué decir o soy rechazado?

Dios ha prometido que te dará las palabras si vas a empezar a hablar. Ser testigos es tan fáciles como decirle a alguien lo que Dios ha hecho en tu vida.

Es difícil ser rechazado por algo que creemos. Tenemos que aceptar que a veces las personas no van a aceptar a Jesús la primera vez que les digamos acerca de él. Recuerda, la gente no te está rechazando. Ellos están rechazando a Jesús. Sigue orando por ellos.

111

¿PUEDO SER UN TESTIGO? Sesión 1

El evangelismo es aterrador para muchas personas. Muchos ven su timidez como una excusa para no ser testigo. Por desgracia, muchos piensan en el evangelismo sólo en términos de hablar con alguien y "llevarlos al Señor." El evangelismo es mucho más.

El evangelismo es más como una aventura que una tarea. No es algo que temer, pero es emocionante y vivificante. Puede ayudar a cambiar las ideas de la gente sobre el evangelismo.

Considera *Servicio Evangelismo*. El Servicio de Evangelismo es donde se realizan proyectos de servicio para ayudar a las personas sin costo alguno para ellos y sin ningún compromiso. Cuando preguntan, "¿Por qué haces esto?" les dices, "Quiero mostrar el amor de Dios de manera práctica."

El Evangelismo Amistoso puede ser un método mejor para ti. Aquí es donde eres testigo de personas a través de la amistad que tienes con ellos. Al hacer más amigos, les dices acerca de Jesús a través de tus acciones. Cuando Dios abre la oportunidad de compartir lo que ha hecho en tu vida, ya estás listo, y tu amigo que te respeta y quiere escucha lo que dices.

Servicio de Evangelismo

Jesús dijo: "Si alguno quiere ser el primero, que sea el último de todos y el servidor de todos" (Marcos 9:35). Ahora es el momento de poner en práctica el Servicio de Evangelismo. Al servir a los demás, no pedir o aceptar dinero o una donación. Si se te pregunta, "¿Por qué?" Diles que quieres mostrar el amor de Dios de manera práctica.

Aquí están algunas ideas para empezar:

- Proporcionar un lavado de coche gratis.
- Dar marcadores cruz de pascua a los empleados de empresas locales y restaurantes.
- Planificar una fiesta de vecindario.
- Planificar una fiesta para un hogar de ancianos local.

Ahora es tu turno. Enumera algunas ideas posibles para el servicio de Evangelismo.

_____

_____

_____

¿CUÁL ES MI LÍNEA? Sesión 2

¿Qué dices si alguien te pregunta: "¿Cómo puedo ser un cristiano?" Debes ser capaz de decir cómo te convertiste en un cristiano. Pero a veces, no sabemos exactamente qué decir. Utiliza lo siguiente para ayudarte a estar preparado para cualquier oportunidad que Dios te puede dar de hablar con alguien acerca de convertirse en un cristiano.

Mi Historia

Un testimonio es decir tú historia de cómo Dios ha trabajado en tu vida. Cuando las personas dan testimonio en un servicio de la iglesia, dicen a los demás como Dios ha estado ayudándoles. En el evangelismo, tu testimonio es tu descripción de cómo Dios obró en tu vida para darte la salvación. Utiliza los siguientes pasos para ayudarte cuando escribas tu testimonio.

1. Piensa en lo que quieres decir y grábalo en un papel o en un ordenador.
2. Céntrate en la diferencia que Dios ha hecho en tu vida.
3. Mantén el testimonio corto y al grano.
4. Puedes incluir versos de la Biblia.
5. No memorices el testimonio, pero está familiarizado con los puntos clave que deseas compartir.

Versículos de Ayuda

Al compartir el Evangelio con los demás, es una buena idea saber varios versículos bíblicos clave. Estos te permiten señalar lo que Dios tiene que decir sobre el tema.

1. Dios te ama. Juan 3: 16-17, "Porque de tal manera amó Dios al mundo que dio a su único Hijo, para que todo aquel que en él cree no se pierda, sino que tenga vida eterna. Porque Dios no envió a su Hijo al mundo para condenar al mundo, sino para salvarlo por medio de él".

2. Dios quiere lo mejor para ti. Él quiere que pases la eternidad con él, pero el pecado separa a las personas de Dios. Romanos 3:23 dice, "Por cuanto todos pecaron, y están destituidos de la gloria de Dios."

3. El pecado tiene consecuencias. Romanos 6:23 dice, "Porque la paga del pecado es muerte, más la dádiva de Dios es vida eterna en Cristo Jesús Señor nuestro."

4. No te puedes salvar tú mismo. Efesios 2: 8-9 dice: "Porque por gracia ustedes han sido salvados mediante la fe; y esto no de vosotros, pues es don de Dios; no por obras, para que nadie se gloríe."

5. Jesús murió para quitar tus pecados. Isaías 53:6 dice: "Todos nosotros, como ovejas, hemos ido por mal camino, cada cual se apartó por su camino; y el Señor cargó en él el pecado de todos nosotros."

6. Dios puede hacerte una persona nueva (en el interior) si te arrepientes. II Corintios 5:17 dice: "De modo que si alguno está en Cristo, nueva criatura es; las cosas viejas pasaron; he aquí todas son hechas nuevas!"

7. Para arrepentirte debes: Admitir que has pecado; pedir perdón por tus pecados; estar dispuestos a dejar de pecar; y pedirle a Dios que te perdone. Primera de Juan 1:9 dice: "Si confesamos nuestros pecados, él es fiel y justo para perdonar nuestros pecados y limpiarnos de toda maldad."

8. Cuando te arrepientes, Jesús perdona tus pecados y se convierte en tu Salvador y Amigo. Te conviertes en un hijo de Dios. Juan 1:12 dice, "Mas a todos los que le reciban, a los que creen en su nombre, les dio potestad de ser hechos hijos de Dios."

PRESIONAR NO DA EL EMPUJÓN: Sesión 3
Compartiendo el Evangelio

Queremos compartir el Evangelio con los demás, pero no queremos presionar o apresurar a la gente a tomar una decisión que no quieren hacer. Utiliza el siguiente dibujo progresivo para ayudarte a presentar el Evangelio. Dibuja cada sección a medida que llevas a la persona a través de la presentación.

Dios creó a la gente para tener una relación con él. Él diseñó a la gente así que están incompletos sin él. Hay una parte de tu vida que sólo Él puede llenar. Dios ama a todos. (Escritura sugerida: Juan 3:16-17)

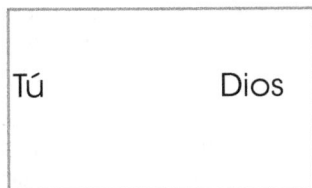

Tú	Dios

Pero el pecado separa a las personas de Dios. El pecado evita que las personas tengan una relación correcta con Dios, pero esto no es lo que Dios quiere. (Escritura Sugerida: Romanos 3:23)

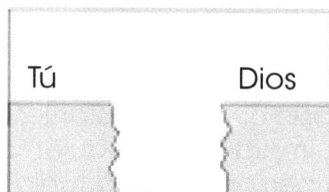

No importa lo que hacen, la gente no puede llegar a Dios por su propia cuenta. La lectura de la Biblia y la oración no van a reparar la relación. Ir a la iglesia todo el tiempo no va a repararla. Hacer un montón de buenas acciones no reparará la relación tampoco. Las personas no pueden hacer nada para reparar la relación rota entre ellos y Dios. (Escritura sugerida: Efesios 2:8-9)

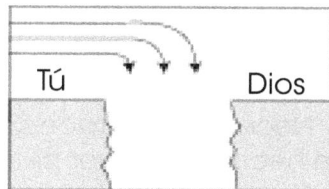

La Biblia dice que el resultado final del pecado es la muerte. El pecado es tan significativo que la muerte es el castigo por el pecado. Las personas están muertas espiritualmente, y morirán físicamente a causa del pecado. (Escritura sugerida: Romanos 6:23)

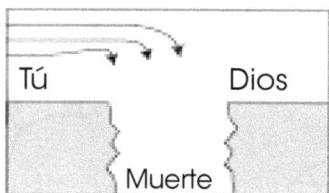

Pero Jesús vino a hacerse cargo de todo eso. Dios ama tanto a la gente que Él siempre está tratando de llegar a ellos. El plan de salvación de Dios provee un camino para que la gente sea salva del pecado. Jesús murió en una cruz para que la ruptura de la relación entre las personas y Dios pudiera ser reparada, y la gente pudiese volver a vivir la vida que Dios planeó para ellos. (Escritura sugerida: Isaías 53:6)

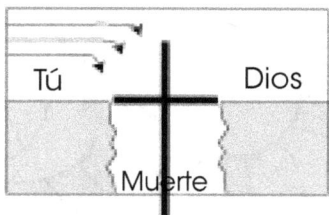

Cuando hayas terminado, pregunta, "¿Tiene esto sentido para ti?" Si la persona dice que no es así, explica cualquier parte que no esté clara. Si tiene sentido, por ejemplo, "Me gustaría que tomes esta pluma y coloques una marca en la página para mostrar dónde te encuentra en tu relación con Dios. ¿Estarías más cerca de Dios aquí o aquí donde una persona aún no tiene una relación con Dios? "Dibuja una persona palo donde señalaron (Escritura sugerida: 2 Corintios 5:17 y 1 Juan 1:9)

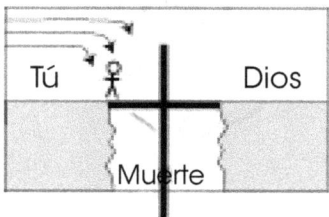

La Respuesta Final

Si la persona ha escuchado la presentación y marcado una posición como estar lejos de Dios, pregunta, "¿Hay algo que te impide una relación con Dios ahora mismo?" Esto le da a la persona la oportunidad de aceptar o rechazar tu oferta sin rechazarte.

Si la persona decide pedir y aceptar el perdón de Dios, dirígele en una oración similar a la siguiente:

Querido Dios,

Necesito tu perdón. Sé que he pecado, y lo siento por lo que he hecho. Por favor perdóname.

Creo que Jesús murió por mis pecados, y acepto tu perdón a mis pecados. Ayúdame a obedecerte todos los días.

Amén

Luego compartir con ellos Juan 1:12.

El Terreno Para El Crecimiento

Los cristianos deben crecer espiritualmente más fuertes. Los cristianos deben:

- Comenzar a leer la Biblia regularmente.

- Habla con Dios en oración cada día, pidiéndole su ayuda para vivir como debes.

- Ira la escuela dominical y a la iglesia.

- Dile a alguien que sabes lo que Dios ha hecho por ti.

¡ENVUÉLVELO!

1. ¿Cómo te sentiste después de tu proyecto de ministerio? _____

_____

_____

_____

2. ¿Cómo puede Dios usar tu habilidad para dar testimonio de Él en el futuro?

_____

_____

_____

_____

_____

3. Sabemos que Dios quiere que le digamos a otros acerca de nuestra relación con él. Sabemos que el Espíritu de Dios nos da las palabras y la oportunidad de compartir nuestra fe con otros. ¿Cómo te ha dado el Espíritu de Dios oportunidades para que puedas compartir su fe últimamente?

_____

_____

_____

_____

_____

_____

_____

_____   _____
Fecha   Firma de Guía

117

IGLESIA LOCAL

VERSÍCULO BÍBLICO

"Así que en Cristo nosotros, que somos muchos, formamos un solo cuerpo, y cada miembro está unido a todos los demás." (Romanos 12:5)

¿Alguna vez te sentaste en la iglesia y te preguntaste dónde encajas?

Puedes ir a la iglesia todos los domingos, pero preguntarte dónde encajas en la iglesia. Romanos 12: 5 nos recuerda que cada persona desempeña un papel en el Cuerpo de Cristo, también conocido como la Iglesia. ¿Qué papel estás jugando? ¿Estás sentado en el banquillo esperando tu turno, o estás contribuyendo activamente a la adoración y extensión en tu congregación local. Una filosofía antigua dice que los adultos hacen todo el trabajo, y los niños y preadolescentes son meramente para el paseo. Hoy en día hay una creencia creciente de que los niños y los preadolescentes pueden ser discípulos en entrenamiento, no solo discípulos en espera.

La iglesia local sirve para muchos propósitos. Las actividades en esta insignia se centrarán en tres responsabilidades de la iglesia local: compañerismo, adoración colectiva y discipulado, y alcance. A medida que trabajas a través de cada sesión, hazte la siguiente pregunta: "¿Qué estoy haciendo en mi iglesia local?"

Espiritual

TRABAJO

¿Qué Puedes Hacer Con Esta Habilidad?

A medida que aprendes acerca de tu iglesia local, vas a empezar a entender las áreas donde puedes utilizar los dones y talentos que Dios te ha dado.

Requisitos ✓ de Insignia

Elige cuatro de los cinco requisitos siguientes para la realización de la insignia de la Iglesia Local.

☐ Participar en una actividad que promueva la comunión cristiana.

☐ Completa tu formulario de entrevista de la iglesia local.

118

☐ Habla con tu pastor acerca de los diferentes ministerios que ofrece tu iglesia y cómo ayudan a promover el discipulado.

☐ Completa la encuesta de dones espirituales.

☐ Encontrar una manera en la que puedes utilizar la información que has aprendido acerca de tu iglesia local para servir a los demás.

Iglesia Local

Enumera a las personas adecuadas y ministerios en tu iglesia local, donde se indica.

▶ Pastor: _____

▶ Pastor Asociado: _____

▶ Pastor de niños: _____

▶ Pastor de juventud: _____

▶ Pastor Asociado: _____

▶ Miembros de la Junta: _____

_____

_____

_____

_____

_____

_____

_____

▶ El presidente de MNI: _____

▶ Director de Caravana: _____

▶ Líder de Música y / o Director del Coro: _____

_____

▶ Equipos de ministerio y otros trabajadores: _____

_____

_____

_____

_____

_____

_____

Espiritual

PALABRAS PARA SABER

Cuerpo de Cristo: El Cuerpo de Cristo término que proviene del lenguaje bíblico que refiere a la Iglesia como un solo cuerpo en Cristo. Todas las personas que han aceptado a Jesús en sus vidas son una parte de este cuerpo. 1ra Corintios 12:27 dice: "Ahora son el Cuerpo de Cristo, y cada uno de ustedes es una parte de él." Para otros versículos que hablan de ser la Iglesia del Cuerpo de Cristo, echa un vistazo a 1 Corintios 12: 12- 13, Efesios 4:25 y las 5:30.

La Encuesta de los Dones Espirituales: La encuesta de dones espirituales ayuda a determinar los dones espirituales que tienes y cómo puedes utilizarlos.

Adoración Colectiva: Una época en que el Cuerpo de Cristo se reúne para adorar a Dios.

Discipulado: Ayudar a alguien a desarrollar su relación con Dios. Al igual que un atleta entrena para un evento, el discipulado es una forma de entrenamiento espiritual.

Iglesia Local: Un grupo de cristianos que se reúne para el culto, animarse unos a otros en crecer en su relación con Dios, y usar sus dones espirituales para alcanzar a su comunidad.

COMPAÑERISMO: Sesión 1

Compañerismo es una palabra elegante para pasar tiempo con alguien. Cuando pasas el tiempo con un amigo, es probable que se diviertan juntos. Sin embargo, la verdadera comunión sucede cuando se empieza a compartir cumpleaños, fiestas, comidas, secretos, momentos felices y momentos tristes con ese amigo.

Convivir Juntos

Algunas personas han descrito la vida cristiana como un viaje. ¿Alguna vez has estado en un viaje? Algunos recorridos están diseñados para hacerlo por tu cuenta, ya sabes, "demostrar que puedo hacerlo" tipo aventura. Sin embargo, Dios ha destinado el desplazamiento cristiano para ser vivido con otros cristianos. A medida que tengas comunión con otros cristianos, te ayudarán a crecer en tu relación con Dios.

Aquí Hay Algunas Maneras En Que Podemos Tener Compañerismo

Estudio Biblico

Rendición de Cuentas

compañerismo

Compartiendo Comidas

Tiempos Tristes

Celebraciones

Cuáles son algunas otras formas en las que puedes tener compañerismo con amigos y familia?

LA ADORACIÓN COLECTIVA Y DISCIPULADO: Sesión 2

Adoración Colectiva

La iglesia local ofrece un lugar donde los cristianos pueden reunirse y adorar a Dios. A lo largo de la semana la gente de tu congregación se encuentra dispersa por la ciudad. El domingo (tu iglesia puede tener culto en otros días), todos se reúnen y adoran a Dios. Una de las grandes cosas que suceden durante la adoración colectiva es que involucra las diferentes partes del cuerpo para que trabajen juntas con el fin de adorar a Dios. Cada uno tiene diferentes dones y diferentes formas en que pueden adorar a Dios. Es impresionante cuando todos esos dones trabajan juntos en un solo lugar.

¿Quién está usando sus dones durante la adoración colectiva?

● ¿Quién predica? _____

● ¿Quién lee la Escritura? _____

● ¿Quién toca instrumentos? _____

_____

_____

● ¿Quién canta (lleva la música, coro, alabanza etc.)?

_____

_____

● ¿Quién dirige los medios de comunicación (sonido, vídeo, ordenadores, etc.)?

_____

_____

● ¿Quién ayuda a servir la comunión? _____

_____

● ¿Quién ora? _____

● ¿Quién lleva el plato de la ofrenda? _____

_____

¿Cuáles son algunos otros dones que la gente usa durante el servicio de adoración de tu iglesia?

_____

_____

_____

Entrevista Personal

Entrevista a alguien en tu iglesia que us su don o talento durante el culto. Utiliza el siguiente formulario de entrevista.

Nombre:

¿Cuánto hace que estado asistiendo a esta iglesia? _____

¿Qué don tiene? _____

¿Cómo utilizas tu don o talento durante el culto? _____

_____

_____

¿A qué edad empezaste a usar el don o talento para adorar a Dios? _____

Discipulado

La iglesia local también ayuda a las personas a desarrollar su relación con Dios a través del discipulado. Los grupos pequeños, clases de escuela dominical, grupos de rendición de cuentas, y otras clases, ayudan a las personas a convertirse en partes vitales del cuerpo de Cristo mediante el desarrollo de su andar cristiano. En la Biblia, el apóstol Pablo predica a los Corintios sobre el discipulado. Dice que el joven cristiano es como un bebé que necesita ser alimentado de leche. Sin embargo, al igual que el bebé necesita alimentos con tiempo real, el cristiano maduro necesita crecer en su relación con Dios. ¿Se imaginan si sus padres sólo les alimentan con leche? Que nunca lleguen a probar cosas como pizza, hamburguesas, manzanas, palomitas de maíz, y naranjas. Su cuerpo no sería capaz de crecer y madurar correctamente. El discipulado ayuda a que tu cuerpo espiritual crezca y se desarrolle.

¿Qué hace tu iglesia para ayudar a que las personas se conviertan en cristianos maduros? Comprueba cada uno de los ministerios que ofrece tu iglesia. Luego, escribe también otros que tu iglesia podría proporcionar en las líneas abajo.

☐ Escuela Dominical (estudio de la Biblia)

☐ Grupos pequeños

☐ Clases de tópicos (cómo resistir la presión de grupo, la paternidad, llegando a ser un adolescente)

☐ Clases de catecismo

☐ Evangelismo (¿Cómo le digo a otros acerca de Jesús?)

☐ Nuevos Creyentes (Clase para los nuevos cristianos)

☐ Clase de membresía (Habla sobre lo que significa ser un miembro de la Iglesia del Nazareno)

☐ Grupos de rendición de cuentas

¿De qué otra forma tu iglesia discípula a sus miembros?

_____

_____

_____

_____

_____

_____

1.	Puedo aprender un idioma extranjero con facilidad.
2.	Escribo notas a la gente agradeciendo por lo que han hecho o diciéndoles que pienso en ellos.
3.	He dicho a alguien cómo llegar a ser un cristiano.
4.	Hago amigos con personas que a las otras personas no les gustan.
5.	Las personas a menudo hacen lo que digo o lo que hago.
6.	Me gusta visitar a las personas que están enfermas, de edad, o en un hogar de ancianos.
7.	Cuando tenemos visitantes en nuestra casa, me gusta hablar con ellos.
8.	Cuando oigo hablar de una necesidad especial, quiero ganar dinero para ayudar.
9.	Me gusta hacer las cosas en la iglesia o en casa que los demás puedan pensar son aburridas.
10.	Disfruto dando parte de mi dinero a la iglesia.
11.	Me gusta que mis amigos visiten mi casa.
12.	Me gusta enseñar a los niños más pequeños lo que he aprendido.
13.	Cuando tengo visitantes en mi clase de escuela dominical o clase en la escuela, trato de ser un amigo y hacer que se sientan como en casa.
14.	Felicito a la gente a menudo.
15.	Tengo varios amigos que no son cristianos. Oro por ellos y doy testimonio cuando puedo.
16.	Me gustaría visitar otros países y vivir en uno por lo menos durante un mes.
17.	A menudo influyo en otras personas para hacer lo que creo que deberían.
18.	Les digo a mis amigos que las cosas que aprendí en la iglesia son de la Biblia.
19.	Si conozco a alguien que necesita un lugar para alojarse, me gustaría compartir con gusto mi dormitorio.
20.	Soy feliz cuando estoy haciendo cosas para otras personas.
21.	Me gusta dar dinero a la obra de Dios que había planeado utilizar para comprar algo para mí.
22.	Prefiero dirigir un grupo o estar a cargo, que ser seguidor.
23.	Me hago amigo de personas que son de otros países o culturas.
24.	Invito a las personas que no van a la iglesia a venir conmigo a la iglesia.
25.	Me gusta animar a mis amigos cuando están molestos.
26.	Ayudo a la gente, incluso cuando no pueden hacer nada para ayudarme.
27.	A menudo les explico cosas difíciles a las personas para que puedan entender.
28.	Me gusta seguir instrucciones en lugar de ser el líder.
29.	Me gustaría tener un montón de dinero para dar a la iglesia.
30.	Hago pequeños trabajos para la gente sin que me lo pidan.
31.	Ayudo a amigos con sus proyectos escolares o de la iglesia.
32.	Ayudo a la gente a trabajar juntos y felices.
33.	Defiendo a las personas de las que se están burlando.
34.	Mis amigos a menudo me piden consejo.
35.	Le digo a la gente acerca de lo que Dios ha hecho por mí.
36.	Me gusta escuchar a oradores misioneros hablar de donde viven y lo que hacen.

Muy Cierto (4)	Verdadero Algunas Veces (3)	No Es Cierto (0)	No Sé (1)

Tus Dones Espirituales

En última instancia, tu iglesia local quiere contar y enseñar a otros cómo tener una relación con Dios a través de Jesús. El Cuerpo de Cristo trabaja en conjunto para hacer esto. Las misiones, evangelismo, alentar, la enseñanza y las donaciones son sólo algunos de los dones que las personas usan en la congregación sobre una base diaria.

¿Estás utilizando tus dones para ayudar al Cuerpo de Cristo? Tal vez no sabes qué dones tienes. La siguiente encuesta de dones espirituales te ayudará a descubrir donde serás más eficaz a medida que alcances a los demás.

125

La Encuesta de los Dones Espirituales
Clave de Respuestas

Ahora transfiere tus números de las páginas 122 a 123 a esta clave de respuestas. Si colocas una marca de verificación en la columna "muy cierto" para el número 1, escribirás "4" en la línea al lado del número 1. Haz esto para los 36 elementos. Finalmente, suma los cuatro números para cada fila.

Misiones: 1.____+23.____+16.____+36._____=____

Evangelismo: 35.____+3._____+15.____+24._____=____

Alentadores: 25.____+2._____+14.____+34._____=____

Enseñanza: 12.____+27.____+18.____+31._____=____

Dando: 10.____+21.____+8._____+29._____=____

Hospitalidad: 11.____+13.____+7._____+19._____=____

Sirviendo: 30.____+28.____+20.____+9._____=____

Liderazgo: 17.____+5._____+22.____+32._____=____

Mostrando Misericordia: 26.____+6._____+4.____+33._____=____

¿Cómo puedes, con la ayuda de Dios, usar tus dones para mostrar el amor a Dios y a los demás? _____

_____

¡ENVUÉLVELO!

1. Nombra tres personas cristianas con la que tengas compañerismo con una frecuencia semanal. _____

   _____

   _____

   _____

2. ¿Cuáles son algunas maneras en que Dios te puede utilizar para ayudar en tu iglesia local? _____

   _____

   _____

3. ¿Cómo Romanos 12: 5 se refiere a tu iglesia local? _____

   _____

   _____

   _____

_____   _____
Fecha   Firma de Guía

TEMPLANZA

VERSÍCULO BÍBLICO

"No os conforméis a los patrones de este mundo, sino sean transformados mediante la renovación de su mente. Entonces serán capaces de comprobar cuál es la buena, agradable y perfecta voluntad de Dios." (Romanos 12:2)

En este mundo, es fácil caer en la tentación de hacer las cosas que sabemos que son malas para nosotros. Estas cosas no sólo nos hacen daño, sino no agradan a Dios. Dios quiere que nos ocupemos de nosotros mismos y nos alejemos de sustancias o acciones nocivas. Dios quiere que usemos nuestro tiempo sabiamente y tomemos decisiones correctas.

EDUCACIÓN

¿Qué Puedes Hacer Con Esta Habilidad?

Vivir un estilo de vida de templanza puede ayudarte a mantenerte fuera de problemas. Cuando se tiene autocontrol, saber cuándo parar, y cuando saber mantenerte alejado de cosas peligrosas. El auto-control te ayudará a tomar decisiones inteligentes. También puedes ayudar a otros a tomar decisiones sabias dando un buen ejemplo.

Requisitos ✓ de Insignia

Elige cuatro de los cinco requisitos para completar la insignia de la templanza.

☐ Aprender sobre los efectos de las drogas, el alcohol, fumar, comer en exceso, y la falta de sueño.

☐ Explicar de forma creativa a los demás por qué es importante la templanza.

☐ Conocer las señales de advertencia de problemas de alcohol / abuso de drogas y el estrés.

☐ Obtener información acerca de los requerimientos nutricionales y tamaños de las porciones del USDA.

☐ Encontrar una manera en la que puedes utilizar tus habilidades de templanza para servir a alguien más.

¿Qué es La Templanza?

La templanza significa autocontrol. Cuando practicas la templanza, te mantienes alejado de las cosas nocivas y utilizas las cosas buenas con prudencia. La templanza no se trata sólo de una lista de pros y los contras, se trata de ser prudente en cada elección que realices. Muchas personas en el mundo no practican la templanza. Algunos abusan de las drogas o el alcohol. Otros comen demasiado o trabajan demasiado. Muchos duermen poco o nunca hacen ejercicio. En el plan perfecto de Dios, Él quiere que estemos contentos y saludables. Él quiere que seamos libres de adicción, o la sensación de que tenemos que abusar de las cosas que son perjudiciales para nosotros. La templanza incluye:

- Comer alimentos saludables en cantidades razonables.
- Mantenerse alejado de sustancias que son perjudiciales (alcohol, tabaco y drogas ilegales).
- Usar el tiempo sabiamente. Esto significa tener tiempo para trabajar, dormir, jugar, comer y pasar tiempo con Dios.

PALABRAS PARA SABER

Estas son algunas de las palabras que necesitas saber:

Adicción: Una sensación de que realmente *necesitas* abusar de una sustancia nociva, como las drogas, el tabaco o el alcohol. El cuerpo comienza a depender de la sustancia.

Servir: Una unidad de alimento que necesitas comer a la vez con el fin de obtener los nutrientes que tu cuerpo necesita.

Porción: La cantidad de alimentos que comes en una sola sesión.

Moderación: En el medio, no demasiado, no demasiado poco.

Templanza: El auto-control

Espiritual

MANTENTE ALEJADO: Sesión 1

Algunas personas usan tabaco. Algunos fuman, beben o usan drogas. Las sustancias peligrosas parecen estar en todas partes, y no sólo los adultos las están abusando. Muchos niños también están lastimando sus cuerpos a través del abuso de sustancias.

¿Qué es el Abuso de Sustancias

- El uso de drogas ilegales
- Tomar medicamentos de una manera que no es correcta
- Tomar medicamentos cuando no estás enfermo o no los necesitas
- El uso de cualquier sustancia química en la forma en que un fármaco se utiliza

128

Hay Tres Tipos de Medicamentos:

- **De Prescripción.** Tu médico prescribe algunos medicamentos para que tomes cuando estés enfermo. Estos medicamentos son seguros si se toman exactamente como el médico te indique.

- **Sin Receta.** Algunos medicamentos sirven para tratar enfermedades menores, como resfriados y dolores de cabeza. Se pueden comprar sin receta médica. Estos medicamentos son seguros de tomar todo el tiempo que siga las instrucciones y tomar sólo cuando los necesites.

- **Las Drogas Ilegales.** Estas drogas son peligrosas. ¡Pueden enfermarte o incluso matarte, incluso si sólo se intenta una vez! Las personas que son sorprendidas por el uso, la venta o la posesión de estas drogas pueden tener problemas con la policía.

¿Qué dice la Biblia sobre el abuso de sustancias?

Considera este pasaje de la Biblia:

"¿No saben que su cuerpo es templo del Espíritu Santo, que está en vosotros, el cual tenéis de Dios? No es suyo propio; fueron comprados por un precio. Por tanto, honren con su cuerpo a Dios." (1 Corintios 6:19-21)

Pablo escribió en una carta a los Corintios, que habían estado haciendo cosas que eran perjudiciales, tanto para ellos mismos como para otros. Pablo les estaba recordando que Dios nos ama. Dios nos hizo con un propósito, y Él no quiere que nos dañemos a nosotros mismos.

¿Cuáles son algunas cosas dañinas que los niños en tu escuela o en tu ciudad (o sus familias) están haciendo? ¿De qué sustancias están abusando?

1. _____

2. _____

3. _____

4. _____

5. _____

¿Cómo experimentar con estas cosas afecta a los niños que conoces? ¿Qué tan bien lo hacen en la escuela? ¿Es que andan con la "gente equivocada?" ¿Se meten en muchos problemas?

Ahora, imaginemos que alguien te pidió probar una de las cinco cosas peligrosas que se enumeran más arriba. ¿Cuáles son algunas cosas que puedes hacer para evitar esta tentación?

_____

_____

_____

_____

_____

En tu grupo pionero, piensa en 10 formas ingeniosas para decir "no" cuando alguien te ofrece drogas, alcohol o tabaco.

1. _____
2. _____
3. _____
4. _____
5. _____
6. _____
7. _____
8. _____
9. _____
10. _____

"¡No cuenta!"

Muchas personas no se dan cuenta de que tanto el alcohol y el tabaco son drogas. Ambos afectan su cuerpo y mente. Ambos les enferman.

Alcohol

El alcohol es adictivo. El alcohol puede causar problemas estomacales, daño al corazón y al hígado, cáncer, envenenamiento, diabetes y otros problemas de salud graves. También te hace incapaz de pensar con claridad, por lo que puedes tener graves accidentes.

Tabaco

El tabaco es adictivo. Algunas de las enfermedades más comunes causadas por el tabaquismo son el cáncer, enfermedades del corazón, derrame cerebral, problemas de asma y enfisema, una enfermedad que causa que las células pulmonares mueran y hace que sea difícil respirar. El cáncer de boca es la enfermedad más común causada por el tabaco.

TiEMPO FUERA: Sesión 2

¿Cómo pasas tu tiempo? ¿Estás tan ocupado que siempre estás cansado? ¿O, pasas todo tu tiempo delante de la TV o de los video-juegos, y no haces nada? Ambos son extremos. Dios quiere que seas feliz y descanses, pero no que seas perezoso. Para practicar la templanza, necesitas usar moderación en cómo pasas tu tiempo. Demasiado sentado es malo para tu cuerpo y no consigues hacer nada. Poco descanso también es malo para tu cuerpo. Para tener una relación cercana con Dios, también necesitamos reservar tiempo para pasarlo con Él.

¿Por Qué Estoy Cansado?

La verdad es que muchos niños no duermen lo suficiente. ¿Por qué? Tienen que levantarse temprano, tienen un montón de tareas, y quedarse hasta tarde. También pueden jugar en equipos deportivos o tomar clases después de la escuela. Cuando no duermes lo suficiente, te sientes cansado todo el tiempo. También te enfermas con más facilidad, te enojas fácilmente, y puedes tener problemas con tu trabajo escolar.

Cuando una persona va sin dormir durante 24 horas, los efectos físicos son tan malos como si estuviera borracho. Los reflejos están entorpecidos, y la mente no puede pensar claramente sin dormir. Los conductores soñolientos causan muchos accidentes automovilísticos graves cada año.

El niño promedio necesita de 8 a 10 horas de sueño cada noche. ¿Cuántas horas sueles dormir por la noche?

El estrés también puede hacer perder el sueño. Cuando te preocupas excesivamente, es posible que tengas pesadillas o despiertes frecuentemente durante la noche. Muchos niños tienen problemas para conciliar el sueño cuando se sienten preocupados.

Hay algunas cosas que puedes hacer para ayudar a aliviar el estrés. Puedes hablar con tus padres, amigos, parientes, u otros adultos de confianza. Ellos se preocupan por ti, y pueden ser capaces de ayudarte a resolver tus problemas y sentirte mejor. También es importante hablar con Dios acerca de tus problemas. Dios siempre está a la escucha y siempre se preocupa. Le puedes decir acerca de todo lo que sucede, en cualquier momento. Puedes decirle cómo te sientes y pedirle ayuda.

Estas son las cosas que pueden ayudarte a obtener el descanso suficiente:

- ¡Lo más importante, orar todos los días!
- Mantén un diario de tus oraciones. Puedes mirar tus oraciones después y ver cómo Dios es fiel a responderlas.
- Lee la Biblia todos los días. Puede ser más fácil tomar decisiones cuando se sabe lo que la Biblia tiene que decir acerca de situaciones como la tuya.
- Ve a la iglesia y la escuela dominical. Puedes aprender más acerca de Dios en la iglesia. También puedes hacer preguntas acerca de Dios, y pedir ayuda con tus problemas allí.
- Solicita a la gente orar por ti. Puede ayudar cuando otros están orando por ti. También se siente bien saber que alguien se preocupa lo suficiente como para orar por ti.
- Ten tiempo para jugar todos los días. Haz algo de ejercicio, pero no demasiado cerca de la hora de acostarte.
- Trata de hacer toda tu tarea antes de la hora de acostarte. Si estás preocupado por no tener todo hecho, no duermes bien.
- Ve a la cama a la misma hora todas las noches, y levántate a la misma hora todos los días.
- Evita las bebidas con cafeína y el chocolate justo antes de acostarte. La cafeína hace que te mantengas despierto.
- Ve a la cama sólo cuando es hora de dormir. Trata de no hacer tu tarea o ver la televisión allí.

¡COMER HASTA!: Sesión 3
¿Qué es una porción?

Una porción es una unidad de alimento que necesitas comer al mismo tiempo que le da a tu cuerpo los nutrientes que necesitas. En la página siguiente hay una tabla que te indica la porción de cada grupo de alimentos.

¿Notas una diferencia entre las porciones de los alimentos que comes normalmente y los tamaños de porción reales? Esto es común. Muchos restaurantes sirven porciones que son dos o tres veces más grandes de lo que la gente realmente necesita comer. Por ejemplo, muchos restaurantes sirven de 6, 9, o 12 onzas de filetes. Recordemos que una porción de carne es de 2-3 onzas. Un agradable, abundante bistec de 12 onzas contiene 4-6 porciones de carne. Muchas personas comen en exceso sin saberlo.

Para algunos grupos de alimentos, es posible que necesites comer más de una porción con el fin de comer lo suficiente de ese grupo.

Grupo Alimenticio	Porciones Por Día	Tamaño De La Porción
Pan, Cereal, Arroz y pasta	6-11	1 rebanada de pan, 1 onza de cereales para el desayuno, o ½ taza de cereal cocido, arroz o pasta
Vegetales	3-5	1 taza de vegetales crudos, de hoja, ½ taza de verduras picadas, ¾ taza de jugo de verduras
Frutas	2-4	1 manzana mediana, banano o naranja, ½ taza de fruta picada, o ¾ taza de jugo de fruta
Lácteos	2-3	1 taza de leche o yogur, 1 ½ onzas de queso natural o 2 onzas de queso procesado
Carne, aves, pescado, huevos, frijoles, nueces	2-3	2-3 onzas de carne magra cocida, aves de corral o pescado (1/2 taza de frijoles secos cocidos, 1 huevo, 1/3 taza de nueces y 2 cucharadas de mantequilla de maní cuentan como una onza de carne)
Grasas, Azúcares y Aceites	Utiliza con moderación	

Por ejemplo, comer un sándwich de mantequilla de maní con dos rebanadas de pan te da dos de las 6-11 porciones recomendadas del grupo de granos y una 2-3 de las porciones de carne.

Para un desafío, preparar y servir una comida que contenga sólo una porción de cada grupo de alimentos. Esto te ayudará a ver como es una porción realmente.

¡ENVUÉLVELO!

1. ¿Cómo te sentiste después de tu proyecto de ministerio? _____
_____

2. ¿Cómo puedes usar tus habilidades de templanza para ayudarte a vivir una vida más saludable? ___
_____
_____

3. Si una persona te pregunta por qué la templanza es importante para ti, ¿cómo responderías?
_____
_____

_____   _____
Fecha   Firma de Guía

CUIDADO DE NIÑOS II

VERSÍCULO BÍBLICO

"Instruye al niño en el camino que debe seguir, y aun cuando fuere viejo no se apartará de él." (Proverbios 22:6)

El cuidado de los niños pequeños es una gran responsabilidad. Cambiar pañales, alimentarlos, y satisfacer sus necesidades básicas se convierten en tus acciones primarias cuando cuidas a niños pequeños.

Sin embargo, como un pre-adolescente, tu responsabilidad va más allá de limpiar la cara y recoger los juguetes. Están empezando la etapa de su vida donde los niños más pequeños modelan todos tus movimientos. Esto significa que están observando incluso cuando piensas que no lo están. Por lo tanto, debes comenzar a preguntarte qué tipo de impacto deseas tener en ellos.

Proverbios 22: 6 nos recuerda que debemos educar a nuestros hijos en estas "formas correctas". Estas "formas correctas" son las "formas de Dios". Igual que las personas te enseñan cómo amar a Dios, ahora es tu turno para enseñar esas "formas" a otros. Enseña esas lecciones a través de la forma de actuar, de hablar, y preocuparte por los demás. Esta es una gran responsabilidad, pero una que vale la pena aceptar.

TRABAJO

Qué Puedes Hacer con Esta Habilidad

Al aprender habilidades adecuadas de cuidado de niños, estarás mejor preparado para comenzar a cuidar niños.

Esto te permitirá asumir la responsabilidad de cuidar niños con excelencia. Mientras más capaz seas, más probabilidades hay de estar contratado por los padres para cuidar de su hijo o hijos.

Requisitos ✓ de Insignia

Elige cuatro de los cinco requisitos siguientes para realizar la Insignia Cuidado de Niños II.

☐ Nombra las siete responsabilidades de un cuidador infantil.

134

- [ ] Identifica las características de un niño y un bebé.
- [ ] Explica cómo jugar un juego con un bebé o niño pequeño.
- [ ] Aprende a sostener a un bebé, cambiar un pañal, calentar un alimento de botella y al bebé, y la forma de alimentar a un bebé.
- [ ] Encontrar una manera que puedas utilizar tus nuevas habilidades de cuidado de niños para servir a otra persona.

 # 1 Seguridad

■ **Nunca** dejes a un niño solo.

■ **Nunca** decir a cualquiera que telefonee que estás solo cuidando un niño.

■ **Nunca** abras la puerta a nadie, excepto a los padres.

■ **Nunca** enciendas un fósforo o un fuego.

Qué No Hacer Como Cuidador Infantil

1. **No** le pidas a un amigo que te visite o llame a menos que hayas hablado con los padres primero.

2. **No** utilices el teléfono, excepto en caso de emergencia.

3. **No** abras el refrigerador o comas algún bocadillo a menos que los padres te hayan dicho que puedes hacerlo.

4. **No** abras y mires en los armarios, aparadores, o cualquier área bajo llave.

5. **No** utilices el televisor, ordenador o equipo de música a menos que los padres te hayan dado permiso para hacerlo.

PALABRAS PARA SABER

Infante: Un niño de entre 1 y 18 meses de edad.

Niño: Un niño de 18 meses a 4 años.

Fórmula: Un sustituto de la leche utilizada para alimentar a los bebés.

Cuaderno de Cuidador Infantil: Un cuaderno utilizado para registrar información de contacto importante de la familia de cada niños que estés contratado para cuidar.

social

¿CÓMO SERÁ EL NIÑO? Sesión 1

Como cuidador infantil es tu responsabilidad principal estar y cuidar al niño, hablar con él o ella, y jugar con él o ella. El cuidado de niños puede ser un trabajo duro, así que no te comprometas con falsas expectativas de dinero fácil. También estar allí en caso de que el niño se enferme o haya una emergencia, como un incendio o un accidente.

La Vida de un Infante

Los infantes están descubriendo sus manos, pies y cara. A ellos les gusta tirar, mantener, bajar, frotar, llorar, agarrar.

PELIGROS: Los bebés se ponen cosas en la boca. Ten en cuenta el tamaño de cada elemento que cojan. Si se te pide que le des un baño a un bebé, asegúrate de que estás bien entrenado en esta área antes de aceptar la responsabilidad. Los bebés son impotentes en el agua. Mantén las mantas y almohadas grandes lejos de los niños. Es probable que si están cerca de sus cabezas, se ahoguen. Los bebés también pueden rodar fácilmente de una cama, sofá o silla.

La Vida de un Niño

Los niños pequeños son extremadamente activos. A los niños más grandes les gusta colorear y usar tijeras para cortar papel. Les gusta jugar con bloques y arcilla. A ellos les gusta fingir actividades. A ellos les gusta escuchar cuentos y música. Les gusta hacer las cosas por sí mismos. A veces se enojan y lanzan una rabieta cuando las cosas no salen como quieren.

PELIGROS: Los niños pequeños son muy curiosos. Si estás cuidando un niño, ten en cuenta lo siguiente: correr en la calle, caer, las estufas, calentadores, fósforos, y venenos.

¡Piensa Rápido!

● ¿Cómo puedes mostrar el amor de Dios a un bebé?

_____

_____

_____

● ¿Cómo puedes mostrar el amor de Dios a un niño?

_____

_____

_____

PROCEDIMIENTOS DE SEGURIDAD: Sesión 2

Los Dos Máximos

1. Está preparado para cualquier cosa. Mantén la calma si algo sucede. Si te da miedo, el niño va a asustarse.

2. Nunca dejes a un niño solo, aunque sea por unos minutos. Como Cuidador infantil se te paga para ver y cuidar al niño. Si el bebé está dormido, vélalo cada 15 minutos.

¡Huelo Humo!

En el caso de que haya un incendio, debes estar preparado.

1. Tener una ruta planificada de emergencia.

2. Obtener al niño y salir inmediatamente.

3. **No** ir de nuevo en una casa en llamas.

4. Pedirle a un vecino llamar a los bomberos.

Primeros Auxilios

Conocer los procedimientos de primeros auxilios para lo siguiente.

1. Pequeños cortes

2. Asfixia

3. Intoxicación

4. Quemaduras

Merodeador

Llama a la policía, un vecino u otro adulto si ves o escuchas algo sospechoso alrededor de la casa. No abras la puerta a nadie, excepto la persona que has llamado o los padres del niño.

Fallo de Electricidad

1. Encontrar una linterna.

2. Mirar por la ventana para ver si las otras casas o negocios en tu calle tienen electricidad.

3. Si las luces están apagadas sólo en la casa donde te encuentras, llama a los padres y pregunta si hay un vecino u otro adulto para venir y ayudarte a tener de nuevo electricidad.

4. Mantener en calma al niño.

Las Llamadas Telefónicas y Visitantes

Llamadas Telefónicas

1. Nunca decir a quién telefonee que es el cuidador infantil

o que los padres están fuera. Preguntarles a los padres si respondes el teléfono.

Haz una lista de las cosas posibles que podrías decir aparte de decirle a alguien que los padres se han ido por noche. _____

_____

_____

2. Nunca uses el teléfono para llamar a un amigo y hablar.

3. Utiliza el teléfono sólo para emergencias.

Visitantes

1. Mantén todas las puertas cerradas.

2. Nunca permitas a nadie en la casa, excepto los padres o un adulto que hayas llamado para ayudarte con una emergencia.

3. Nunca invites a un amigo a venir a visitarte mientras estás de cuidador infantil.

Tomando un Mensaje

Toma un mensaje de otra persona en tu grupo pionero Asegúrate de recibir toda la información a continuación.

Nombre del interlocutor: _____

Tiempo que la persona llamó: _____

El mensaje: _____

_____

_____

Colocar el mensaje donde los padres lo vean. Diles sobre el mensaje cuando regresen a casa.

La Bolsa del Cuidador Infantil

Una bolsa de cuidador infantil contiene cosas que puedes necesitar. Puedes utilizar una mochila, bolsa de libros, u otro tipo de bolsa. Llena tu bolsa de cuidador infantil con los siguientes elementos.

1. Linterna con pilas que funcionen.

2. Libro o tarjeta con números de teléfono de-tus padres, la policía, número emergencia médica, centro de control de envenenamiento, etc. Colócalo cerca del teléfono.

3. Lápiz y papel para tomar mensajes telefónicos.

4. Tu cuaderno de Cuidador Infantil.

5. Una revista o un libro para que lo leas.
6. Un juego, una pelota blanda, un libro de cuentos o un libro para colorear y crayones para el niño.

Cuaderno de Cuidador Infantil
Compra un cuaderno y prepara una página como esta para cada familia.

Nombre de Familia: _____ Edad

Niño(s) Nombre(s)

1. _____
2. _____
3. _____

Nombres y Direcciones de los Padres

Nombre del Esposo: _____
Nombre de la Esposa: _____
Dirección: _____
Número de teléfono: _____
Número de celular: _____

Números de Emergencia

Emergencia médica: _____
Policía: _____
Bomberos: _____
Nombre y número de teléfono del vecino de confianza: _____
Nombre y teléfono del pariente: _____

Instrucciones especiales [rutina antes de acostarse, alergias, TV y privilegios de Internet] _____

Juegos y actividades que el niño(s) le gusta jugar:

1.
2.
3.
4

DE LA OBSERVACIÓN AL CUIDADO DE NIÑOS:
Sesión 3

Cualquier persona puede observar a un niño, pero el cuidado de niños requiere práctica, experiencia y saber qué hacer y cuándo hacerlo.

Disciplina

Nunca le pegues a un niño. Si el niño se comporta mal, prueba una de las siguientes soluciones.

1. Si un niño se queja o grita porque él o ella no quiere hacer lo que le has dicho, ignora el comportamiento. Trata de conseguir que el niño haga lo que se le ha dicho.

2. Si dos niños están luchando, sepáralos y da a cada uno algo que hacer.

3. Si dos niños están luchando porque quieren hacer lo mismo, dejar que se turnen. Escribe el nombre de cada niño en una hoja de papel, dóblala, y coloca los nombres en un tazón o taza. Selecciona un nombre. Ese niño va primero.

   ¿Cuáles son algunas otras maneras en que puedes ayudar a que los niños compartan? _____

   _____

   _____

4. Si un niño más pequeño está tratando de llegar a cosas que se supone que él o ella no debe, intenta de redirigir su atención. Los niños pequeños tienden a perder y ganar nuevos intereses rápidamente.

5. Algunos padres pueden tener un designado "tiempo de espera" establecido para sus hijos. Utiliza únicamente si tal instrucción se te dio por los padres.

Porque Lloran los Bebes

Es normal que un bebé llore. El llanto es la única manera en que los bebés pueden expresarse. Cuando un bebé llora, es importante ser paciente. Hazte estas preguntas.

1. ¿Hay que cambiar al bebé? Revisa el pañal del bebé.

2. ¿El bebé tiene hambre o sed? Trata de darle de comer o de beber.

3. ¿Está el bebé demasiado caliente o demasiado frío? Siente sus manos y pies para ver si están fríos o calientes.

4. ¿Está solo el bebé? Trata de cantar una canción, hablar, balancear, o jugar con el bebé.

Ganando Experiencia

Si quieres llegar a ser un cuidador infantil, necesitarás un poco de experiencia. Asóciate con un padre, abuela u otro familiar durante tus primeras experiencias. Aunque podrías pensar que puedes hacerlo por tu cuenta, tener a alguien que tenga experiencia en el área de cuidar niños será extremadamente valioso.

Otro buen lugar para ganar experiencia está en la guardería de la iglesia. Considera ofrecerte como voluntario en una base a tiempo parcial (durante eventos especiales) o una base a tiempo completo.

Si no estás seguro de cuánto cobrar, pregunta a otros cuidadores infantiles cuánto se les paga. La mayoría de las cuidadores infantiles se les paga por hora o por niño. Algunos padres pueden tener ya una cantidad fija que te pagarán.

Evitar Desastres de Pañal

Así Es Cómo:

1. Coloca el área de cambiar pañales lejos de las áreas de preparar alimentos.

2. Reúne todos los suministros antes de llevar al niño.

3. Cubre la superficie con una cubierta desechable o de papel.

4. Acuesta al niño en la superficie y libera las lengüetas delanteras de los pañales. Usa toallitas para limpiar la mayoría del bebé antes de quitar el pañal. Quita el pañal sucio.

5. Dobla el pañal, vuelve a sellar las lengüetas adhesivas, y colócalo en dos bolsas de basura de plástico.

6. Continúa limpiando suavemente al niño con una toallita desechable y luego colócala en una bolsa de basura. (Nota: a veces los bebés se hacen otra vez mientras lo estás cambiando, coloca un pañal limpio debajo del niño antes de limpiarlo por completo.).

7. Pon un pañal limpio en el niño.

8. Lava las manos del niño y levántalo.

9. Retira la cubierta, y colócala en una bolsa de basura con la toallita. Luego ata la bolsa.

10. Lava y desinfecta la superficie donde cambiaste los pañales.

11. Lávate las manos.

Consejos:

- Nunca dejes a un niño solo en una superficie donde cambies pañales.

Calienta el Biberón

Calentar el biberón de un bebé es opcional; Sin embargo, la fórmula debe estar por lo menos a temperatura ambiente para disminuir cualquier posibilidad de malestar estomacal. Si la leche ha sido congelada, debe descongelarse antes de ser usada.

Para calentar un biberón, usa un recipiente con agua caliente del grifo. Luego calienta el agua, coloca la botella o la leche envasada en el agua caliente. PRECAUCIÓN: No uses un horno de microondas. Los microondas calientan la leche de forma desigual. Se ha sabido que la leche que se calienta en microondas causa severas quemaduras en la boca.

Prueba la temperatura de la fórmula colocando unas gotas de leche en el interior de tu muñeca.

PRECAUCIÓN: Las bolsas desechables pueden explotar si se sobrecalientan. Ten cuidado.

Si un Bebé se está Asfixiando

La vista de un bebé asfixiante causará temor en tu corazón. Sin embargo, es importante mantener la calma. Al seguir algunos pasos importantes, la vida de un niño puede ser salvada.

1. **Da cinco golpes en la espalda con el talón de la mano.** Acueste al bebé sobre su brazo, con la cabeza más baja que el pecho. Sostén la cabeza del bebé con la mano alrededor de la mandíbula y debajo del pecho. Descansa tu brazo sobre tu muslo. Da cinco golpes rápidos entre los omóplatos con el talón de tu mano. Entonces dale la vuelta al bebé.

Si la vía aérea del bebé aún está bloqueada, continúa con el paso No. 2.

2. **Gira al bebé entre tus manos:** coloca tu mano libre en la espalda del bebé y ponle un emparedado entre sus manos y brazos. Una mano sostiene el pecho, el cuello y la mandíbula, mientras que la otra sujeta la espalda, el cuello y la cabeza, con la cara del bebé hacia arriba. Apoya este brazo en su muslo, de modo que la cabeza del bebé esté más baja que el pecho.

Si el bebé no se está moviendo, proceda al número 3.

3. **Empuja en el pecho:** presiona el pecho cinco veces con la punta de los dedos en el esternón del bebé. Las yemas de los dedos deben estar a una distancia de un dedo debajo de una línea imaginaria entre los pezones del bebé. Su mano debe venir del costado para que las yemas de sus dedos suban y bajen por el esternón.

Si el bebé todavía se está asfixiando, repita los golpes en la espalda y los golpes en el pecho y pide ayuda.

¡ENVUÉLVELO!

1. ¿Cómo te sentiste después de tu proyecto de ministerio? _____
   _____
   _____

2. ¿Cómo puede Dios utilizar tus habilidades de cuidar de niños en el futuro? _____
   _____
   _____
   _____

3. ¿Cómo puedes ayudar a los niños a aprender más acerca de Dios mientras estás de cuidador infantil? _____
   _____
   _____
   _____
   _____
   _____

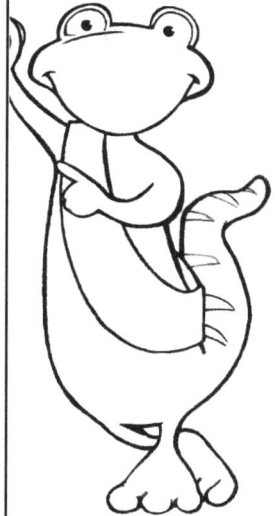

_____   _____
Fecha   Firma de Guía

OPCIONES DE CARRERA

VERSÍCULO BÍBLICO

"No acumulen para sí mismos tesoros en la tierra, donde la polilla y el orín corrompen, y donde ladrones minan y hurtan. Más bien, acumulen tesoros en el cielo, donde ni la polilla ni el orín corrompen, y donde ladrones no minan ni hurtan. Porque donde está tu tesoro, allí estará tu corazón también." (Mateo 6:19-21)

¿Alguna vez has pensado en lo que quieres hacer cuando seas mayor? Si piensas en ello, pasas más de la mitad de tu vida en una carrera. Por eso es importante encontrar una carrera que te guste. Muchas personas optan por una carrera por diferentes razones; necesidad, dinero, conveniencia, y educación. Todos estos son importantes para ayudar a determinar tu trayectoria profesional.

Cuando estás eligiendo una carrera, es fácil quedar atrapado en el prestigio, el dinero o el poder que acompaña a muchos puestos de trabajo. La Televisión, estrellas de cine, deportistas profesionales, artistas y la música a menudo definen la "buena vida" mediante la acumulación de tesoros en la tierra. Pero en el libro de Mateo, Jesús nos recuerda que estas cosas se oxidan y finalmente, se destruyen. Jesús redefine lo que significa vivir la "vida buena" llamando a almacenar nuestros tesoros en el cielo.

Al comenzar a solicitar puestos de trabajo, ganar dinero, e investigar diferentes carreras, es importante recordar las palabras de Jesús. ¿Que motivará tus decisiones riqueza y fama? O bien, ¿se almacenarán en otro lugar tus tesoros?

TRABAJO

¿Qué Puedes Hacer Con Esta Habilidad? La insignia de la Opciones de Carrera te ayudará a practicar y aprender habilidades esenciales que necesitas cuando estás solicitando puestos de trabajo o en busca de una carrera.

Social

144

Requisitos ✓ de Insignia

Elige cuatro de los cinco requisitos siguientes para finalizar insignia Opciones de Carrera.

☐ Entrevista al menos cinco personas que tengan diferentes carreras.

☐ Crea una hoja de vida.

☐ Nombra cinco cosas que debes hacer antes de una entrevista de trabajo.

☐ Con un compañero, finge que te está entrevistando para un trabajo. Haz que tu pareja te haga varias preguntas que un empleador puede preguntar en una situación de entrevista "real".

☐ Encontrar una manera que puedas utilizar tus habilidades en opciones de carrera para servir a alguien más.

Cuando Sea Grande Quiero Ser. . .

Hay miles de carreras para explorar. Aquí hay algunas áreas posibles.

Operador de Vuelo	Aviación	Investigador
Contabilidad	Psicología	Ropa
Educación Física	Economía	Albañilería
Publicidad	Doméstica	Restaurante
Floristería	Bancos	Ventas
Terapia Física	Hospital	Arte comercial
Médico	Editorial	Matemáticas
Agricultura	Biología	Computadoras
Forestal	Hotel	Ciencia
director de	Radio	Medicina
funeraria	Ferrocarril	Conservación
Físico	Seguros	Minería
Aire	Negocio	Trabajo Social
acondicionado	Diseño de interiores	Criminología
Piloto de Avión	Química	Música
Policía	Periodismo	Terapia de
Geólogo	Recreación	Lenguaje
Arquitectura	Cuidado de Niños	Higiene dental
Gobierno	Leyes	Topografía
Oficina de correo	Religión	Energía Nuclear
Automóvil	Bienes Raíces	Odontología
Peluquería	Quiropráctico	Enseñanza
Impresión	Bibliotecario	Enfermería

Social

Economía	Veterinaria	Ingeniería
Oceanografía	Diseño web	Farmacia
Televisión	Electrónica	Fotografía
Electricidad	Pastor	Bomberos
Oficina de Gestión	Escritor	Zoología

PALABRAS PARA SABER

Solicitante: Una persona que ha solicitado un trabajo.

Currículum: Una hoja de papel que da el nombre del solicitante, dirección, número de teléfono, la educación y la experiencia.

Experiencia: Habilidades y conocimientos que una persona ha adquirido en el pasado que ayudan a la persona a hacer el trabajo para el cual él o ella está aplicando actualmente.

Empleadora: La persona que contrata a un trabajador. La persona para la que trabajas.

Salario: El dinero que ganas al trabajar. Un salario es una cantidad fija de dinero y no se basa en el número de horas que trabajas.

Dinero por Hora: El dinero que se te paga en base a la cantidad de horas que trabajaste. El gobierno regula la cantidad mínima de dinero que un empleador puede pagar a un empleado por hora.

EXPLORANDO CARRERAS: Sesión 1

Descubrir que lo que te gusta y lo que no te gusta, puede ser divertido. Experimentar con nuevas actividades, probar nuevos instrumentos, deportes, y sujetos, puede ayudarte a determinar las cosas que te divierten y las cosas que no deseas hacer. Tus intereses y habilidades pueden ayudarte a elegir una carrera que te gustaría.

Explora Tus Opciones

Es bueno recordar que no tienes que elegir tu carrera hoy. Sin embargo, es divertido explorar tus opciones y ver qué carreras podrían encajar en el futuro. Utiliza las siguientes preguntas para entrevistar a cinco personas sobre sus carreras.

¿Cuál es tu nombre? _____

¿Cuál es tu carrera? _____

¿Cuánto tiempo has estado en esa carrera? _____

Cuando tenías cinco años, ¿qué querías ser? _____
_____

¿Qué tipo de cosas te gustaba hacer cuando eras adolescente?
_____

¿Cómo los intereses que descubriste cuando eras más joven
influyeron tu elección de carrera? _____
_____

¿Cuánto tiempo tuviste que ir a la escuela?
Escuela Secundria _____ Universidad _____
Escuela de posgrado _____ Escuela de Post Grado _____

¿Cuál es la parte favorita de tu carrera? _____

Si no fueras [el nombre de su carrera], ¿qué serías? _____
_____

¿Qué Piensas?

Enumera algunos de tus intereses y habilidades.

_____
_____
_____

Si pudieras elegir cualquier carrera en el mundo, ¿cuál sería?

_____
_____
_____

Fuera de la gente que entrevistaste, ¿Quién tenía el mejor
trabajo? ¿Qué es lo que hacen, y que hace su trabajo atractivo
para ti?

_____
_____
_____

PREPARACIÓN: Sesión 2

Al igual que muchas otras cosas en la vida, las habilidades que debes desarrollar para una buena entrevista llevarán práctica y repetición. Las habilidades que aprendes durante esta sesión te ayudarán durante el proceso de entrevistas.

Escribiendo un Currículum Efectivo

Un currículum debe incluir . . .

- Una breve descripción de tu experiencia de trabajo y educación
- Cuánto tiempo has trabajado para tu empleador anterior
- Las referencias de personas que has conocido durante al menos dos años. Estas personas pueden ser contactados por el entrevistador y preguntarles sobre tu ética de trabajo y personalidad.
- Otras capacidades y habilidades que te hacen un gran candidato para un puesto de trabajo (hablar idiomas extranjeros, trabajar bien con otros, excelentes habilidades de comunicación, habilidades informáticas, etc.)

Un currículum siempre debe ser escrito. Debe estar limpio, ordenado y no tener errores de escritura o ortografía. Siempre debe hacer que alguien revise su currículum antes de dárselo a un posible empleador. Además, recuerda mantener tu resumen breve. Una página debería ser suficiente para la mayoría de los currículos.

Currículum de Muestra

Juan Gonzalez
1 Calle #10
Cancun
Mexico
6750-8297

Posición Deseada: Cuidado y Mantenimiento del Césped

Experiencia:

4 de junio—19 de septiembre	Césped cortado, rastrillado y desbrozado para el Sr. Gomez.
19 de mayo—1de junio	Corte el césped de la señora Perez mientras ella estaba fuera de la ciudad.

Educación: Actualmente soy estudiante de sexto grado en Colegio Campo Real.

Edad: 11 años   **Cumpleaños:** 31 de enero de 1993

Otras Habilidades:

Soplador de hojas   Soplador de nieve

Referencia:
Sr. Victor Gomez
2 Calle #66
Cancun
Mexico
Telefono: 7528-7777

El Vestir Para Una Entrevista De Trabajo

La primera impresión es vital para el proceso de entrevistas. Sin embargo, una camisa y corbata no siempre son necesarias. Aquí hay algunas pautas que ayudarán a vestirse para el éxito.

- Asegúrate de que tu ropa esté limpia y bien planchada.
- Toma un baño y peina tu cabello.
- Asegúrate de que tus manos y cara están limpias.
- Usa zapatos y calcetines. Asegúrate de que tus zapatos estén limpios.
- Cepíllate los dientes.

Elijé uno de estos lugares de destino y di lo que usarías en la entrevista:

Despacho de abogados de Perez y Reyes	La Torre Super-mercado	Centro Comercial	Servicio de césped de Ricardo	Tutor de tercer grado

_____

_____

_____

_____

LA ENTREVISTA: Sesión 3

Una entrevista de trabajo está diseñada para convencer al empleador que vas a ser un buen trabajador. Una entrevista puede dar un poco de miedo, pero muchos de esos temores desaparecerán si estás bien preparado.

Comenzando con buen pie

1. Llegar a tiempo. ¡NUNCA llegar tarde!
2. Se cortés. Usa tus modales.
3. Trata de relajarte.
4. Se honesto acerca de tu experiencia previa o la falta de ella.
5. Agradece al entrevistador por tomarte en cuenta para el puesto.

¿20 Preguntas?

Aunque puedes sentir que el empleador está jugando 20 preguntas contigo, él o ella simplemente está tratando de aprender acerca de ti. Prepararte para posibles preguntas te permitirá responder con respuestas específicas. Aquí hay cinco preguntas que un empleador puede hacer.

1. ¿Para qué posición estás aplicando?
2. ¿Qué experiencia laboral tienes?
3. ¿Cuántas horas a la semana puedes trabajar, y cuando?
4. ¿Cuánta paga esperas recibir?
5. ¿Por qué quieres trabajar para mí / la empresa?

YO SOY; YO PUEDO; YO QUIERO

A veces, un empleador puede pedirte que digas un poco de ti. Está preparado para este tipo de pregunta al recordar estas tres frases: YO SOY; YO PUEDO; YO QUIERO.

YO SOY. En primer lugar, decirle al empleador un poco de ti, qué te gusta hacer (hobbies), donde vives, donde asistes a la escuela, y qué tipo de trabajador que eres.

YO PUEDO. En segundo lugar, decirle al empleador la experiencia que tienes. Explicar los tipos que trabajos has hecho y lo que crees que puedes hacer.

YO QUIERO. Por último, decirle al empleador qué tipo de trabajo deseas. Se específico y honesto.

¿Qué Puedo Hacer?

He aquí una lista de los trabajos que puedes considerar para tu primer empleo.

- cuidado de niños
- lavar ventanas
- rastrillar las hojas
- rastrillar las malas hierbas de los jardines

- entregar periódico
- cuidar o pasear mascotas
- operario de mandados
- lavado de automóviles
- corta césped

¿Qué otras cosas puedes hacer?

_____

_____

_____

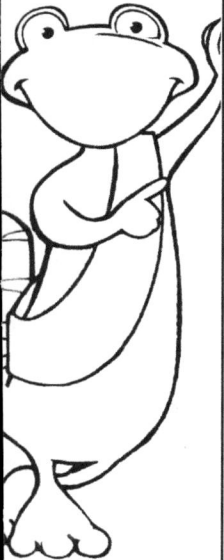

¡ENVUÉLVELO!

1. ¿Cómo te sentiste después de tu proyecto de ministerio? _____
   _____
   _____

2. ¿Cómo tus hábitos de trabajo reflejan tu andar cristiano? _____
   _____
   _____
   _____

3. ¿Cómo Mateo 6:19-21 afecta tu elección para una futura carrera? _____
   _____
   _____
   _____

_____   _____
Fecha   Firma de Guía

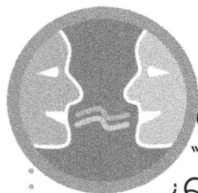

COMUNICACIÓN

VERSÍCULO BÍBLICO

"El Señor le dijo: '¿Quién dio la boca al hombre? ¿Quién hace sordos o mudos? ¿Quién da la vista o ciega? ¿No soy yo, el Señor? Ahora ve; Yo te ayudaré a hablar y te enseñaré qué decir.'" (Éxodo 4:11-12)

¿Qué haces cuando sucede algo realmente grande, como hacerlo muy bien en un examen o tu equipo gana inesperadamente un partido contra un buen oponente? ¿Quién es la primera persona con la que hablas? Tal vez sea tu mejor amigo, tal vez son tus padres. En cualquier caso, sabemos que sólo tenemos que contarle a alguien lo que acaba de pasar. Es parte de lo que somos como seres humanos.

Dios nos dio el deseo de comunicarnos con las personas, y Él también nos dio el deseo de hablar con él. Queremos una relación con Dios tan profundamente como queremos amigos. La comunicación es un regalo de Dios que nos permite hacer eso. Podemos hablar con Dios de la misma manera que podemos hablar con nuestros amigos. También debemos aprender a escuchar cómo responde Dios.

EDUCACIÓN

Qué Puedes Hacer Con Esta Habilidad

¡Aprender a comunicarse puede ser totalmente divertido! Desde constituir códigos secretos hasta aprender a firmar con tus manos, la comunicación nos ayuda a entendernos a nosotros mismos y entre sí.

Requisitos ✓ de Insignia

Elige cuatro de los cinco requisitos siguientes para realizar la insignia Comunicación.

- ☐ Comprender la importancia de una comunicación clara.
- ☐ Demostrar cómo hablar con las manos (lenguaje de signos) y decir la oración simple.
- ☐ Aprende a leer y escribir sin tus ojos (braille).
- ☐ Código Morse usar o desarrollar tu propio código secreto.
- ☐ Encontrar una manera en la que puedas utilizar tus nuevas habilidades de comunicación para servir a otra persona.

social

DESCUBRIENDO

La comunicación es el envío de un mensaje. Algunos mensajes son hablados. Estos son los llamados mensajes verbales. Algunos ejemplos son cuando le pides a tu amigo la tarea para mañana o cuando tu madre te dice que hagas tus tareas. Escuchamos mensajes verbales en la radio, la televisión y los CD. Otros mensajes son vistos en lugar de oídos. Estos son los llamados mensajes visuales. Algunos de estos son signos de publicidad, anuncios en revistas, carteles, letreros de la calle, y pinturas.

Hay personas que no pueden ver ni oír. Así que algunas personas necesitan una forma diferente de comunicación. Hay otros métodos de envío y recepción de mensajes. Las personas que no pueden oír, pueden utilizar el lenguaje de signos para comunicarse, y las personas que no pueden ver, pueden utilizar Braille para leer y escribir.

Dios nos dio el don de la comunicación. Él quiere ser capaz de hablar con nosotros y quiere que hablemos con él a través de la oración. Él quiere que seamos capaces de decirles a otros acerca de Jesús en cualquier forma de comunicación que utilicemos.

COMUNICACIÓN: HABLAR Y ESCUCHAR

La comunicación requiere dos cosas:
1. Alguien debe enviar el mensaje.
2. Alguien debe recibir el mensaje.

Cuando la gente habla, se turnan para enviar y recibir mensajes. ¿Qué pasaría si dos personas hablan al mismo tiempo? Está bien. Habría dos emisores y ningún receptor. Esta es la razón por la que un maestro o padre dice: "Por favor, no hables cuando estoy hablando." Ellos saben que si estamos hablando al mismo tiempo, no se escuchará el mensaje que están enviando.

PALABRAS PARA SABER

Mensaje: Lo que decimos a los demás y queremos que comprendan. El mensaje puede ser enviado de varias maneras, tales como verbal (hablar) o visualmente (mostrando).

Remitente: La persona u objeto de enviar un mensaje.

Receptor: La persona u objeto de recibir el mensaje.

Lenguaje de signos: Un lenguaje que muestras las manos, que te permite comunicarte sin hablar.

153

¿CÓMO LO HACEN?
COMUNICACIÓN CON LAS MANOS: sesión 1

¿Alguna vez has visto a personas que hablan el uno al otro en el lenguaje de signos? O ¿Alguna vez has visto a una persona en un escenario que está traduciendo lo que se dice en el lenguaje de signos? El lenguaje de signos permite a las personas que no pueden oír poder hablar con otras personas y entender lo que está sucediendo, a pesar de que no pueden oír lo que se dice.

La lengua de signos es una serie de posiciones y movimientos llamados "señales" de mano. Cada letra del alfabeto tiene un signo. Porque tomaría un tiempo muy largo firmar cada letra de cada palabra, hay muchas señales que comunican toda una palabra o idea. Hoy, vamos a aprender a deletrear con los dedos usando dos tipos diferentes de lenguaje, - americana y británica.

El alfabeto americano usa una mano para firmar las letras del alfabeto. El alfabeto inglés utiliza principalmente las dos manos.

Alfabeto Americano

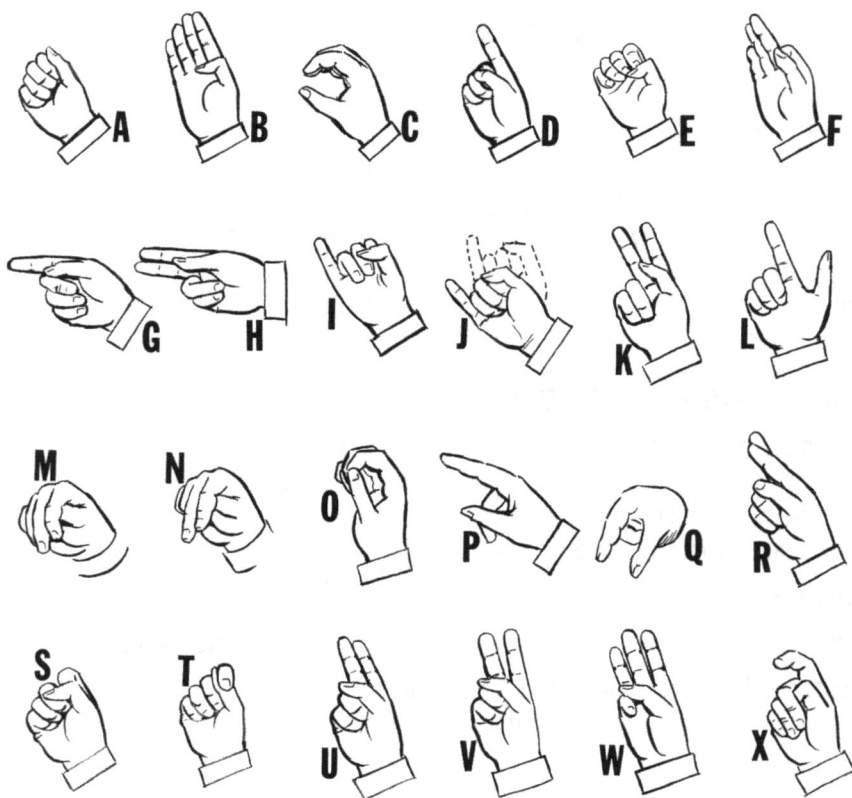

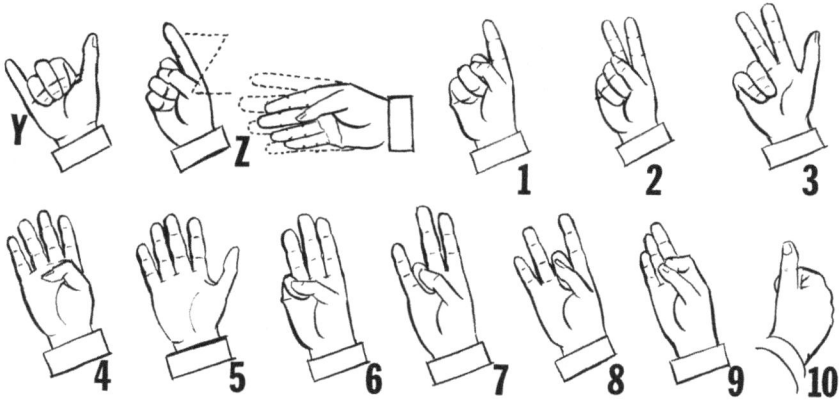

El Alfabeto Manual Estándar

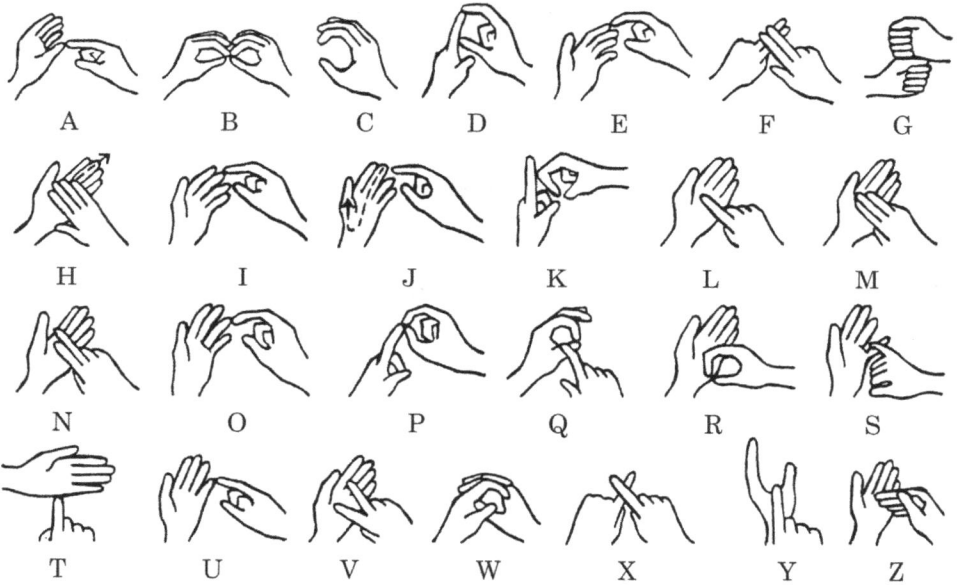

¡Cuéntame Sobre Eso!

Aprender el lenguaje de signos puede ser divertido. Puedes hablar con tus amigos a través de una habitación o tener una conversación con alguien que sea sordo. Asegúrate de practicar el alfabeto de signo en casa. ¡La práctica hace la perfección! Ahora practica mediante el alfabeto americano para leer el mensaje de abajo. Luego firma la oración a un amigo.

155

LECTURA CON LOS DEDOS: Sesión 2
El Aprender Sobre Braille

"El acceso a la comunicación en el sentido más amplio es el acceso al conocimiento, y es de vital importancia para nosotros." Louis Braille dijo esto en 1841.

El braille es un medio de comunicación utilizado por personas con discapacidad visual que no pueden leer la letra impresa. Fue inventado por Louis Braille en 1829. Cuando Luis tenía 3 años, se quedó ciego de ambos ojos y creció sin visión. Sin embargo, era muy inteligente y un músico dotado. El creía que las personas no deben ser impedidas de adquirir conocimiento, porque no podían ver. Louis tenía sólo 15 años cuando desarrolló el sistema Braille para ayudar a leer a ciegas. Desde entonces, se ha convertido en un sistema internacional para la lectura mediante el tacto, más bien que por la vista.

El Alfabeto Braille

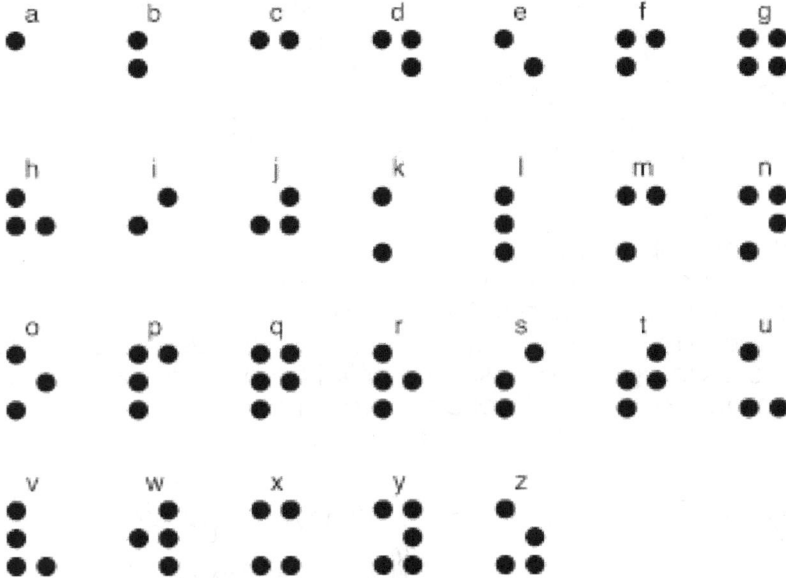

Lee las adivinanzas a continuación y utiliza el alfabeto Braille para averiguar las respuestas.

¿Qué parte de un pez pesa más?

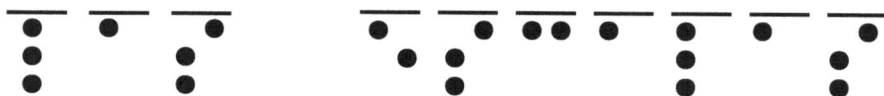

Llevo dinero y no soy banquero, papel o metal, lo que sea me da igual.

De lejos vengo, muy lejos voy, piernas no tengo viajero soy.

Códigos
Código Morse

El código Morse es una combinación de puntos, guiones y espacios. Se utiliza para enviar un mensaje por alambre (telégrafo). El código Morse fue desarrollado por Samuel Morse, quien desarrolló el primer telégrafo eléctrico. El siguiente es el código Morse internacional.

alfabeto

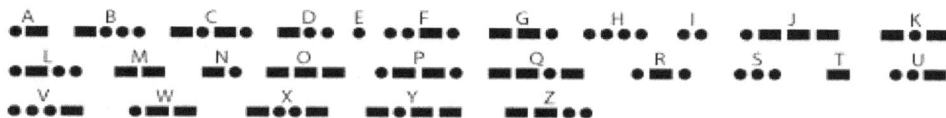

numerales

puntuacion y otros signos

El código Morse internacional ahora se utiliza principalmente para enviar mensajes por radio de onda corta.

Códigos Secretos

Puedes hacer tus propios códigos secretos para comunicarte con amigos. Sólo tú y tus amigos sabrán cómo decodificar estos mensajes secretos.

Los códigos secretos pueden ser letras, números o símbolos. A cada letra del alfabeto se le debe dar un número de carta por separado, o un símbolo. Aquí está un ejemplo de un código secreto.

a	#	b	+	c	"	d	%	e	;	f	.,
g	(	h	-	i	'	j	.	k	°	l	<>
m	*	n	)	o	?	p	,	q	•	r	><
s	¢	t	_	u	/	v	:	w	...	x	™
y	$	z	=								

¿Puedes decodificar el mensaje siguiente?

? % ' ? " / #) % ? <> <> / ; : ;   ;)

___ _____ _____ _____ ___

* ' _ ? ¢ _ # % # ., >< #) " ; ¢ #

__ _____ _____ .

Puedes crear un código mediante la sustitución de una palabra por otra. O bien, puedes tomar la primera palabra de cada frase en un párrafo, de esta manera: "Me gustan las manzanas mucho. Tengo un sabor amargo. Que es eso, ¿podrías por favor?" La primera palabra de cada frase dice: "Me tengo que".

Utiliza uno de estos métodos o has tu propio código. ¡Se creativo cuando estés buscando la manera de comunicar secretos!

Ahora usa esta tabla para hacer tu propio código secreto.
Escribe un mensaje a un amigo y, a continuación, da a tu amigo
una copia de tu código.

a ___	g ___	m ___	r ___	x ___
b ___	h ___	n ___	s ___	y ___
c ___	i ___	ñ ___	t ___	z ___
d ___	j ___	o ___	u ___	
e ___	k ___	p ___	v ___	
f ___	l ___	q ___	w ___	

COMUNICACIÓN VISUAL: Sesión 3
Cine sonoro

Hemos hablado de la comunicación a través del habla, lectura
y escritura. Pero esas no son las únicas formas de comunicarse.
Las personas también se comunican a través de imágenes.

Mucho antes de que se escribiera la lengua, había
pictografías. Los pictogramas se pueden encontrar en las
paredes de cuevas y cañones. Las personas que vivían allí miles
de años atrás pintaron estos pictogramas. A menudo muestran
la naturaleza y los animales, así como la gente de las tribus. Los
pictogramas eran una manera de contar una historia o grabar
un evento.

Arte Rupestre Prehistórico—
Perro
Estados Unidos

Arte Rupestre Prehistórico—
Pez
India

Arte Rupestre Prehistórico—
Ciervo
India

Arte Rupestre Prehistórico—
Persona
Italia

Arte Rupestre Prehistórico—
Pájaro
Sudáfrica

Arte Rupestre Prehistórico—
Caballo
Sudáfrica

¿Qué Hay de lo General?

No dibujamos en las paredes o los lados de nuestras casas. Pero incluso en nuestro mundo moderno, todavía se utilizan las imágenes para comunicarse. Nombra tres maneras diferentes en que nos comunicamos a través de imágenes.

1. _____

2. _____

3. _____

Piensa en una imagen común o símbolo que no tenga palabras, pero comunica un mensaje.

¡ENVUÉLVELO!

1. ¿Cómo te sentiste después de tu proyecto de ministerio? _____
_____
_____
_____

2. ¿Cómo puede Dios usar tus manos, ojos y boca para hacer cosas por Él? _____
_____
_____
_____

3. Dios nos dio la capacidad de comunicarnos entre sí y con Él. Él se comunica con nosotros. ¿En qué tipo de formas has hablado con Dios y escuchado Su voz últimamente? _____
_____
_____
_____

_____   _____
Fecha   Firma de Guía

CUIDADO PERSONAL Y APARIENCIA

VERSÍCULO BÍBLICO

"Tu belleza no debe provenir del adorno exterior, tales como peinados ostentosos, joyas de oro y ropa fina. En cambio, debería ser la de tu ser interior, el incorruptible atavío de un espíritu afable y apacible, que es de grande estima delante de Dios." (1 Pedro3: 3-4)

Tal vez tus padres te han dicho cientos de veces- "La belleza viene del interior. No es lo que parece pero lo que es el interior que cuenta." ¿Qué significa eso? La belleza interior es lo que consigues cuando tienes una relación con Dios, y pasas tiempo con él.

Cuando tienes una relación con Dios, tendrás una mejor actitud, tanto hacia el mundo y hacia ti mismo. El cuidado Personal es una forma de mostrar que te preocupas por ti mismo y por Dios.

EDUCACIÓN

Qué Puedes Hacer Con Esta Habilidad

Aprender a cuidar nuestra apariencia personal es una manera de respetar la creación de Dios. Estas habilidades demuestran que tienes una buena actitud y te preocupas por ti mismo. (¡Sin mencionar, que ayudan a que te veas bien!)

Social

162

Requisitos ✓ de Insignia

Elige cuatro de los cinco requisitos siguientes para realizar la insignia del cuidado y la apariencia personal.

☐ Lista tres razones porque el cuidado personal es importante.

☐ Más información sobre cómo cuidar tu piel mediante la práctica de una rutina de cuidado de la piel.

☐ Explicar cómo nuestra actitud afecta nuestra apariencia.

☐ Comparar diferentes tipos de prendas de vestir y determinar cuál es el mensaje que envían.

☐ Encontrar una manera en que puedes utilizar tus habilidades de aspecto y cuidado personal para servir a otra persona.

#1 Seguridad

■ **Siempre** prueba un nuevo producto para el cuidado de la piel en una pequeña porción de piel para asegurarte de que no tienes ninguna reacción alérgica.

■ **Siempre** aplica protector solar de SPF 30 o mayor antes de pasar tiempo al aire libre.

■ **Nunca** uses aparatos eléctricos para el cabello cerca de agua o con las manos mojadas.

■ **Nunca** uses jabón perfumado para lavarte la cara, ya que puede picar los ojos.

■ **Siempre** ten supervisión de un adulto cuando trabajas con jabón derretido o cera.

Social

Hygiene

TIPOS DE CUIDADO PERSONAL

Cuidado de la Piel

Ropa

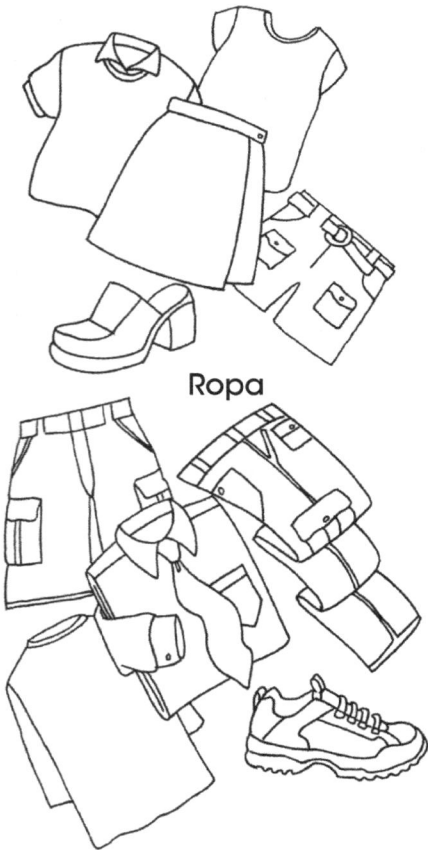

Actitud

PALABRAS PARA SABER

Astringente: Un tónico que ayuda en la limpieza profunda de la piel y controla los aceites de la superficie.

Melanoma: Un tipo de cáncer de piel que se propaga rápidamente y es causada por la piel que presenta sobreexposición al sol.

Higiene: Pasos para mantenerse a sí mismo limpio y saludable.

Dermatólogo: Un médico especialista en salud de la piel. Un dermatólogo se recomienda cuando uno tiene un serio problema con el acné.

CUIDADO DE LA PIEL 101: Sesión 1

Cuando conoces a la gente, tu cara es lo primero que ven. El cuidar tu piel hace saber que te sientes bien contigo mismo.

¿Has notado que tu piel está cambiando? Tal vez has tenido una espinilla o dos y tu piel se siente más grasa de lo normal. Es posible que debas ducharte todos los días y usar desodorante. Tu cuerpo está cambiando. Estos cambios afectan a la piel. Es importante mantener la piel limpia y sana. La salud de tu piel se ve afectada por una serie de cosas. Lo bien que tomes el descanso de tu cuerpo tiene un impacto en tu piel. Beber mucha agua, comer alimentos saludables y hacer ejercicio puede ayudar a mantener la piel saludable. También es necesario proteger su piel del sol. Usa protector solar para proteger tu piel de los rayos UV. * Esto te ayudará a evitar las quemaduras solares y el cáncer de piel. La forma en que cuidas de la piel hoy afectará a la forma en que tu piel se verá cuando seas un adulto.

*Los rayos UV o rayos ultravioletas, son los rayos del sol que causan daño a la piel. Demasiada exposición a los rayos UV causa cáncer de piel.

Limpieza de la piel

Hay una gran cantidad de productos en el mercado para el cuidado de la piel. Tú y tus padres tendrán que hacer una investigación o hablar con tu pediatra para averiguar qué es lo mejor para tu uso. En nuestra sesión vamos a utilizar un solo tipo de producto para las medidas necesarias de cuidado diario de la piel.

Aquí hay algunos pasos que te ayudarán a mantener tu cara en mejor forma:

- Lávate la cara por la mañana y antes de acostarte con un jabón suave y agua.

- Bebe mucha agua y descansa lo suficiente. El agua mantiene tu piel sin resecarse, y dormir da a tu piel tiempo para repararse. **165**

- Mantente alejado de la cafeína y la comida chatarra. Comer los alimentos correctos proporciona a la piel las vitaminas que necesita para mantenerse sana.

- Si tu piel es seca, utiliza una crema hidratante facial para evitar que luzca escamosa.

Mirada mas De Cerca!

¿Sabías que la piel se repara mientras duerme? Durante las fases de sueño profundo, tu cuerpo produce nuevas células para reemplazar las que están dañadas. Así es como se curan los cortes.

¿Por qué es importante limpiar la piel diariamente?

_____

_____

_____

¿Cuáles son los pasos y los productos necesarios para el buen cuidado diario de la piel?

_____

_____

_____

¿Cuál es el producto para el cuidado de la piel más importante

_____

_____

_____

REFLECTORES DE ACTITUD: Sesión 2
¿Cómo Su Actitud se Verá en Ti?

Tu actitud se refleja en tu cara, tu postura y tu comportamiento. Tu apariencia se ve afectada por tu actitud. Juego de roles grabados con un compañero y una de las situaciones dadas por tu líder. Escucha cómo suenan. Los otros estudiantes comentarán sobre cómo tu actitud afecta la forma en que te ves y sonabas durante el juego de roles. Algunas de las cosas que llaman la atención son el lenguaje corporal, la expresión facial y el tono de voz.

¿Qué Es El Lenguaje Corporal?

Tu postura y la forma en que te mueves (o no) tu cuerpo cuando tratas a la gente dice mucho acerca de tu actitud. ¿Utilizas cualquiera de los gestos en la tabla de abajo? Considera sus significados. ¿Está el lenguaje corporal diciendo lo que quieres que diga?

Símbolo	Significado
Cruzado de brazos	Me siento incómodo. / No me fío de usted
Alejándose un poco de la persona	No me gustas. / No me interesa.
Hacer contacto visual	Estoy prestando atención. / Estoy interesado en lo que tiene que decir.
Jugar con las manos u objetos	Estoy nervioso. / Me siento incómodo. / Estoy aburrido
Mirar el reloj o la puerta	Estoy apresurado. / Me estás haciendo perder el tiempo. / No me interesa.
Inclinarse hacia delante a medida que escucha	Estoy interesado en lo que tiene que decir.

> *Tienes que utilizar más músculos para fruncir el ceño que para sonreír.*
> *¡No te quites la sonrisa!*

Una cosa importante que afecta tu actitud es tu relación co Dios. Si hablas con Dios y lees tú Biblia todos los días, es posib que veas una diferencia en tu actitud. ¡Saber que Dios te am y te ayudará con tus problemas los hace mucho más fácil p hacerles frente! Cuando uno se pone a pedir ayuda a Dios cuando tiene un problema, él puede ayudar a encontrar u solución, o ayudar a mantener la calma hasta que encuen una solución.

Opciones Positivas en la Tormenta

Trabaja con tu grupo pionero en pensar cinco maneras de mantener una buena actitud cuando las cosas se ponen frustrantes. Ejemplo: Se puede resolver un problema de la frustración más fácil si esperas hasta tomarte un tiempo para refrescarte.

1. _____

2. _____

3. _____

4. _____

5. _____

RECIBISTE MI MENSAJE? Sesión 3

¿Qué opinas de cuando ves un oficial de policía en uniforme? Puedes pensar sobre cómo atrapan a los criminales y hacen tu ciudad más segura. Cuando ves una enfermera en uniforme, sabes que cuida de los demás. Aunque es posible que no lleves un uniforme, la ropa que usas envía un mensaje a otras personas. Si usas un montón de colores brillantes y enormes patrones en tu ropa, puedes estar diciendo, "¡Mírame!" O "¡Me gustaría tener diversión!" Si usas trajes de negocios todo el tiempo, es posible que digas, "Lo digo en serio."

La ropa también puede enviar un mensaje incorrecto. Si usas ropa asociada a las bandas, la gente puede pensar que estás en esa banda. Si usas la ropa demasiado apretada o que muestre demasiada piel, la gente puede pensar que quieres que tu cuerpo se note.

La ropa no tiene que ser de lujo o cara con el fin de enviar un buen mensaje acerca de ti. Todavía puedes usar ropa que se ajuste a tu estilo. Aquí hay algunas maneras de hacer que tu ropa envíe un buen mensaje:

- Cuida tu ropa. Lávala y remienda los agujeros. Plancha la ropa cuando lo necesite.

- Asegúrate de que tu ropa no es demasiado apretada o reveladora.

- No uses camisas con frases inapropiadas o poco amables.

- No uses ropa asociada con las bandas en tu área.

- Piensa en dónde debes usar ropa que sea apropiada para la ocasión. Es probable que lleves ropa diferente en la iglesia que llevarías a la tienda de comestibles. También es diferente para ir al centro comercial que para pintar o ir de excursión en el bosque.

168

En todo momento representas a Jesús para el mundo. ¿Cuáles son algunas maneras en que puedes representar a Jesús a través de tu apariencia?

_____

_____

_____

_____

_____

_____

_____

¡ENVUÉLVELO!

1. ¿Cómo te sentiste después de tu proyecto de ministerio? _____

_____

2. ¿Cómo puedes usar las habilidades Cuidado Personal y apariencias para servir a otras personas?

_____

_____

3. ¿Cómo puedes aplicar 1 Pedro 3:3-4 a tu vida? _____

_____

_____

_____

_____   _____
Fecha   Firma de Guía

El ABC de la SALVACIÓN

Admite que has pecado (hecho mal, desobedecido a Dios)

Dile a Dios lo que has hecho, arrepiéntete de ello y debes estar dispuesto a dejarlo.

Romanos 3:23 -"Por cuanto todos pecaron y están destituídos de la Gloria de Dios"

1 Juan 1:9 -"Si confesamos nuestros pecados, Él es fiel y justo para perdonarnos, y limpiarnos de toda maldad."

Busca de Dios, proclama a Jesús como tu Salvador.

Dí lo que Dios ha hecho por tí. Ama a Dios y sigue a Jesús.

Juan 1:12 -"A todos los que le recibieron, a los que creen en su nombre, les dio potestad de ser hechos hijos de Dios."

Romanos 10:13 -"Todo aquel que invocare el nombre del Señor, ese será salvo."

Cree que Dios te ama y envió a su Hijo, Jesús, para salvarte de tus pecados

Pide y recibe el perdón que Dios te está ofreciendo.

Ama a Dios y sigue a Jesús.

Juan 3:16 -"Dios amó tanto al mundo que dio a su Hijo Unigénito, para que todo aquel que en Él crea, no se pierda, más tenga vida eterna."